# MAISON DU BUISSON

# BRANCHE DE COURSON-CRISTOT

### NORMANDIE

—

### 1868

—

## MÉMOIRE RÉDIGÉ

Après longues recherches et sur documents authentiques,

PAR

Amédée du BUISSON de COURSON,

CONSEILLER DE PRÉFECTURE.

*« Non quis hoc dixerit, sed quid dicatur, attende. »*

## TARBES

TH. TELMON, IMPRIMEUR DE LA PRÉFECTURE

1868

# MÉMOIRE

## HISTORIQUE ET GÉNÉALOGIQUE

### SUR

## LA MAISON DU BUISSON

# BRANCHE DE COURSON-CRISTOT

---

### NORMANDIE

# NOBLESSE OBLIGE.

(Vieil adage.)

# MÉMOIRE
# HISTORIQUE ET GÉNÉALOGIQUE

SUR LES SIEURS

DU BUISSON, gentilshommes de Normandie,

QUALIFIÉS

## NOBLES HOMMES, ÉCUYERS, CHEVALIERS,

FRANCS-FIEFFÉS DU DUCHÉ DE NORMANDIE EN 1470,
SEIGNEURS ET PATRONS D'IQUELON EN CAUX,
SIEURS DE COURSON ET DE LAIZE,
SEIGNEURS ET PATRONS DES PAROISSES DE CRISTOT ET DE BROUAY,
SIEURS DE LE BISEY ET DE GAVRUS, SIEURS DE LA LIZONDIÈRE,
AIGREFEUILLE, LA BRANCLIÈRE, LONGPREY,
DARROIS ET AUTRES LIEUX.

---

# PREMIÈRE PARTIE

## § 1er. — ORIGINE.

La maison noble DU BUISSON est établie de toute ancienneté en basse et haute Normandie, où on la voit figurer dès le commencement du XIIIᵉ siècle.

A cette époque reculée, elle possédait déjà le fief noble et paroisse du Buisson (ailleurs le Buisson St-Aulbin), dont les titulaires portaient la qualification féodale de sieurs du Buisson, appellation qui depuis près de sept siècles est devenue le nom de famille.

On ignore le véritable nom patronymique des du Buisson, qui n'ont transmis à leurs descendants qu'un *surnomen* purement féodal et terrien ; on pourrait peut-être néanmoins inférer d'un arrêt de la Cour des Aides de Normandie, rendu en 1481 en faveur de NICOLAS LICQART, SIEUR DU BUISSON, près Caen, reconnu noble d'ancienne extraction, que ce nom de Licqart était la dénomination primitive qui, selon l'usage féodal, fut remplacé dans les chartes par le surnom purement terrien de du Buisson.

Des recherches longues et savantes dans les anciens rôles normands imprimés et manuscrits (La Roque, Stapleton, de Plummer, d'Eudemare, etc.), n'ont rien produit sur le nom de du Buisson avant le XIIIᵉ siècle ; mais il existe dans les archives préfectorales de la Manche un vieil acte en latin passé en l'an 1191 à Jaffa ou St-Jean-d'Acre en Palestine, au camp du roi Richard Cœur-de-Lion, duc de Normandie, et dans cet acte figure comme témoin et signataire, avec plusieurs autres et notamment avec Guillaume des Rotours, un certain Richard du Buisson.

La maison normande des du Buisson s'est distinguée non seulement par des services rendus dans l'épée et dans la robe, mais surtout par le choix et même l'éclat de ses alliances, dont une notable partie se rattachent aux souvenirs de la grande féodalité ; citons en passant les des Champs, les Mustel, les Vauquelin, les Favilly d'Iquelon, les Morant, les Zur-Lauben-Fribourg, les Billeheust d'Argenton, les du Merle.

Avant d'aller plus loin, nous dirons que la maison du Buisson compte plusieurs homonymes dans la noblesse de France :

1° Les du Buisson, sieurs d'Amfreville, en Poitou, anoblis en 1584 et qui portent de gueules, à trois bandes d'or, au chef d'azur, chargé d'un lion d'argent ;

2° Les du Buisson en Berry et les du Buisson en Languedoc, dont les armes sont d'or ou d'argent, au buisson de sinople (parlantes) ;

3° Les du Buisson de Champigny en Franche-Comté, qui portent des épées d'argent en sautoir sur un champ d'azur.

Les autres armoiries du nom de Buisson, citées dans les anciens armoriaux, sont des brisures relatives aux différentes branches normandes des sieurs du Buisson : Iquelon, Cristot-Courson, Aigrefeuille, Lizondière, etc.

SOUCHE. — Ainsi qu'il a été dit plus haut, on trouve un RICHARD DU BUISSON (*Ricardus de Dumo*), ÉCUYER BANNERET à la troisième croisade. Est-il la souche de la maison du Buisson de Normandie? Le fait, quoique très probable, ne peut être prouvé d'une manière irrécusable. On sait toutefois d'une façon claire, précise, légale, que l'un des chefs des du Buisson normands et peut-être le fils de Richard, est ROBERT, premier du nom, *dit* DU BUISSON, HOMME D'ARMES, vivant en l'an 1200 et dont on ignore l'alliance. Le second du Buisson connu est ROBERT II, ÉCUYER, vivant en 1225 et qui épousa DAMOISELLE MARGUERITE DES CHAMPS. Ces faits sont constatés de plusieurs manières et notamment dans un titre généalogique dressé en l'an 1500, déposé aux manuscrits de la bibliothèque publique de Rouen, et dont une copie légalisée sur parchemin se trouve dans le cartulaire de MM. de Courson. (Voir à la troisième partie le texte de ce document.) Mais les données historiques font presque défaut sur les quatre premiers degrés, dont deux alliances seulement sont connues. — Au cinquième degré, deux frères, Thomas et Jehan du Buisson, formèrent deux branches qui se subdivisèrent elles-mêmes en plusieurs rameaux. MESSIRE MAITRE THOMAS DU BUISSON, qualifié NOBLE ET ÉCUYER, mort en 1361 et ensépulturé en haut lieu, c'est à dire dans le chœur du prieuré de St-Lô de Rouen, eut pour descendants les du Buisson-d'Iquelon, éteints au commencement du XVII° siècle et les du Buisson de Courson-Cristot existant encore aujourd'hui, probablement aussi les du Buisson de Lizondière sur Verneuil et les du Buisson d'Aigrefeuille et la Branclière. Les autres du Buisson nor-

mands sont vraisemblablement ou cadets d'Iquelon ou
sortis de JEHAN, frère de Thomas, qualifié aussi écuyer et
inhumé au près de ce dernier en 1385. (A consulter Farin,
histoire de Rouen, VI<sup>e</sup> partie).

NOTA. — *Le vieux titre généalogique de 1500, cité plus
haut et remontant aux premières années du XIII<sup>e</sup> siècle,
constate que les du Buisson étaient originaires de* L'ÉLECTION
DE CAEN ; *mais, soit par suite de leurs charges, soit plutôt par
suite de leurs alliances, les aïeux directs des du Buisson de
Courson-Cristot passèrent bientôt dans la généralité de Rouen
et on ne les retrouve fixés de nouveau en la généralité de
Caen qu'au début du XVI<sup>e</sup> siècle. Néanmoins messire Nicolas
Licqart du Buisson, sieur du lieu, qui comparut aux francs
fiefs à Caen en 1470 et qui fut maintenu par la Cour des
Aides en 1481, était lui-même sorti d'une branche de la
famille, et son fief du Buisson était passé, sans doute par
reversion, en 1592, ainsi que nous le verrons plus loin, à
messire Pierre, premier du nom, du Buisson, sieur de
Courson.*

## § 2. — TERRES ET SEIGNEURIES :

### 1° FIEF PRIMORDIAL, LE BUISSON.

LE BUISSON ou St-AUBIN DU BUISSON était une
seigneurie et paroisse de Basse-Normandie dont on ignore
aujourd'hui la situation précise. S'agit-il de St-Aubin des
Bois, commune située aujourd'hui dans l'arrondissement
de Vire, (Calvados), et dans le voisinage de la paroisse de
Courson ? — Il ne serait pas impossible en effet qu'à une
certaine époque la dénomination primitive de St-Aubin du
Buisson ne se fut modifiée. — Toutefois il paraît plus
probable que cette seigneurie n'était autre que Le Buisson
sur Merville (canton de Troarn), paroisse située dans l'an-

cienne vicomté de Caen, réunie à Merville en 1826 seulement et voisine de St-Aubin d'Arquenay.

On connaît encore dans le département de la Manche, un hameau de 195 habitants, nommé le Buisson et dépendant aujourd'hui de la commune de Créance.

Quoi qu'il en soit, ce domaine primordial des du Buisson, ayant titre de sieurie, diminutif de sirerie (sieur et sire sont presque synonymes dans les XIII$^e$, XIV$^e$ et même XV$^e$ siècles), dut être concédé à la famille à une époque fort reculée et peut-être par les ducs de Normandie eux-mêmes. — Ce fief du Buisson était un plein fief de haubert, mouvant du duché de Normandie sous la grosse tour de Rouen. — Tenu au commencement du XIII$^e$ siècle par les sieurs du Buisson, écuyers, au XIV$^e$ siècle par Thomas du Buisson, leur descendant direct, en 1481 par Nicolas Licqart, sieur du Buisson, il était encore dans la même famille au commencement du XVII$^e$ siècle et possédé en 1592 et en 1598 par Pierre, premier du nom, du Buisson, sieur de Courson, et qualifié SIEUR DU BUISSON ST-AULBIN dans une sentence de la prévôté de Paris du 7 août 1598. On suppose qu'il fut aliéné vers la moitié du XVII$^e$ siècle par Claude, deuxième du nom, du Buisson, seigneur de Cristot et de Brouay. En effet à partir de 1637, il n'en est plus fait mention dans les titres de famille.

## 2° FIEF ET DOMAINE D'IQUELON.

YQUELON, IQUELON, *alias* ICLON, ancienne terre noble du pays de Caux, fief du XI$^e$ siècle situé dans l'élection d'Arques, non loin de Veules.

Cette terre appartint successivement, comme plein fief noble de haubert, avec le patronage de paroisse, aux sires d'Iquelon, aux vicomtes de Blosseville, aux de Mauconduit-Sassetot, aux de Blondel d'Iquelon, aux de Landry d'Iquelon, aux du Buisson d'Iquelon ; de cette branche du Buisson, éteinte en ligne masculine dès le début du XVII$^e$ siècle, elle passa aux Le Roux de Froberville d'Iquelon,

2

aux Le Cerf de Vasouy, sieurs et patrons d'Iquelon. — Puis cette terre d'Iquelon fut, par lettres patentes de juin 1714, érigée en haute justice seigneuriale sous le titre de CHATELLENIE D'IQUELON LE CERF et passa enfin, avec un brevet de marquisat, en 1731, aux de Cocquerel du Vivier du Rozay St-Martin, dont le descendant est aujourd'hui M. de Cocquerel, marquis d'Iquelon, membre du Conseil général de la Seine-Inférieure.

NOTA. — Iquelon est aujourd'hui un hameau d'Angiens, canton de Fontaines en Caux, et compte 257 habitants. Ce hameau est en outre situé à deux lieues de Néville, où les sieurs du Buisson tenaient aussi des terres nobles au XVIe siècle.

### 3° COURSON.

COURSON, *olim* CORSON. — On ne sait pas d'une façon bien précise ce qui constituait cette seigneurie, qui pourrait provenir de l'alliance de noble damoiselle Jeanne Bouët avec Jean du Buisson en 1517, et qui se trouve mentionnée pour la première fois dans les titres de famille, en l'an 1522. — On pense toutefois que ce fief pourrait être la commune de Courson, canton de St-Sever, arrondissement de Vire (Calvados), commune ayant 1335 habitants, et voisine de St-Aubin-des-Bois. — Selon une autre opinion, peut-être plus vraisemblable, Courson ne serait que le haubert seigneurial d'une autre seigneurie possédée par les du Buisson,

NOTA. — Le plein fief noble de haubert ou haubert seigneurial consistait en manoir seigneurial, chapelle, geôle, basse justice, sénéschalie, colombier à pied, étangs, viviers, parcs et garennes, four et moulin banals, corvées seigneuriales, rentes en œufs, chapons, gélines, etc.

### 4.° FIEF ET DOMAINE DE CRISTOT.

CRISTOT ou CHRISTOT, fief, seigneurie et patronage, aujourd'hui commune du canton de Tilly-sur-Seulles, arrondissement de Caen (Calvados), 390 habitants.

Le fief de Cristot est l'un des plus considérables de ceux qui furent l'apanage de la maison du Buisson en Basse-Normandie. — Cette maison possédait à Cristot des immeubles féodaux et des terres importantes dès la première moitié du XVI<sup>e</sup> siècle, ainsi qu'il conste d'une sentence du haut baillage de Caen du 30 juin 1568 et de plusieurs autres actes antérieurs ; mais le titre et les droits de SEIGNEUR, avec le patronage de paroisse, ne furent portés d'une façon absolue dans la branche de Courson qu'au commencement du XVII<sup>e</sup> siècle. — Ce fait résulte de deux actes relatés dans un arrêt du Grand Conseil du Roi de 1675. L'un est un contrat en date du 19 février 1620, qui constate qu'à cette date messire maître Anne du Buisson, sieur de Laize, conseiller du roi en sa cour du parlement de Normandie, acquit en partie d'honorable homme Jean Levavasseur, riche bourgeois de Caen, les terres seigneuriales de Cristot, avec les droits, dignités et fiefs nobles en dépendant et notamment avec le droit de présentation à la cure alternativement avec le sieur Le Fauconnier, écuyer, seigneur du lieu. — L'autre est une transaction passée à Rouen le 7 septembre 1620, devant Lucas Lepage et Thomas Dubosq, tabellions royaux, par laquelle messire Jean Le Fauconnier, écuyer, seigneur du Mesnil-Patry, céda et transporta à noble homme messire Anne du Buisson, conseiller au parlement de Normandie, pour lui et ses hoirs ou ayant-cause, les rentes seigneuriales et tous les droits seigneuriaux, y compris celui de basse-justice, qu'il possédait à Cristot, ainsi que son alternative de patronage en l'église St-André de ladite paroisse. En outre, des lettres patentes d'érection de la seigneurie de Cristot en FIEF LIBRE, ne relevant plus du roi, furent accordées par Louis XIII, au mois de février 1621, la onzième année de son règne, au même Anne du Buisson, en récompense de ses services. (Notes manuscrites de Pierre-Nicolas du Buisson de Cristot-Courson : 1750-1763.) — Ces lettres royales, ainsi que les deux actes ci-dessus mentionnés, furent enregistrés au parlement de Rouen, le 14 juin 1621. —

La cour des Comptes de Normandie, dans un arrêt du 4 août 1661, confirme le fait que le fief de Cristot était un fief libre.

Claude, deuxième du nom, du Buisson, neveu et héritier de messire Anne du Buisson en 1628, hérita également des droits de seigneurie et de patronage que possédait son oncle à Cristot, et à partir de cette époque jusqu'à la fin du XVIII<sup>e</sup> siècle, les aînés de la famille portèrent et conservèrent le titre de SEIGNEURS ET PATRONS DE CHRISTOT. Vers l'année 1630, ils vinrent se fixer dans cette terre et firent du manoir qui leur appartenait leur résidence habituelle, ainsi que le constatent à la fois d'anciens contrats et la compilation des anciens actes de l'État civil de la paroisse.

Si les droits de seigneur et de patron furent concédés *en partie*, dans la seconde moitié du XVIII<sup>e</sup> siècle, à la maison Néel de Tontuy, dont l'un des membres, devenu évêque de Séez, fit construire à Cristot un fort beau château aujourd'hui démoli, le domaine, quoique fort amoindri par cette aliénation et par d'autres successives, resta longtemps encore dans la famille du Buisson de Courson ; en effet, il échut en partage, à la suite du contrat de lots du 21 septembre 1780, à messire Jean-Louis-Antoine du Buisson, chevalier de Courson, officier de cavalerie, des mains duquel il passa, par le mariage de ses deux filles, dans la maison des Rotours de Chaulieu.

Ce qu'il restait de ce beau domaine a été aliéné en 1865 ou 1866 par M. Payen de Chavoy, mari d'une demoiselle de Chaulieu, au profit de M. Charles Desnoyers, propriétaire à Bayeux. — Une autre partie de la propriété, et notamment l'emplacement du château, appartient aujourd'hui (1868) à M. Henry, bourgeois de Caen.

NOTA. — Le chœur de l'église de Cristot, où ont été inhumés un certain nombre de membres de la famille du Buisson de Cristot-Courson, est de la première moitié du XIII<sup>e</sup> siècle ; la nef a été rebâtie en 1758.

## 5° FIEF ET DOMAINE DE BROUAY.

BROUAY ou BROUET (nom qui présente une grande similitude avec celui de BOUET), seigneurie, patronage et paroisse qui compte à présent 407 habitants ; comme Cristot, cette commune est aujourd'hui du canton de Tilly-sur-Seulles.

D'après un inventaire de production du 1ᵉʳ février 1675, les droits seigneuriaux de ce fief auraient été acquis également par messire Anne du Buisson, conseiller au parlement de Rouen. Mais l'arrêt du Grand Conseil de 1675 n'en parle pas et il ne serait pas impossible que cette terre n'eût été portée primitivement dans la maison du Buisson par noble damoiselle Jeanne Bouët, épouse en secondes noces, en 1517, de Jean V du Buisson, écuyer, qualifié le premier SIEUR DE COURSON.

Quoi qu'il en soit, les aînés de cette branche du Buisson prenaient aussi dans tous les actes depuis le commencement du XVIIᵉ siècle le titre de seigneurs et patrons de Brouay.

Ce fief devint dans la première partie du XVIIIᵉ siècle, soit par alliance, soit par aliénation, la propriété d'une famille Bourdon, qui s'appela dès lors, Bourdon de Brouay. — Une demoiselle Bourdon de Brouay l'aliéna plus tard au profit d'un M. de St-Vincent, qui le vendit lui-même à M. le marquis d'Aboville, général d'artillerie. — Aujourd'hui (1868), le beau château et la terre de Brouay appartiennent à M. le comte d'Aboville, neveu et héritier du général de ce nom.

## 6° TERRE DE GAVRUS.

GAVRUS, GAVRUE ou GAVREULX, fief mouvant du roi, avec colombier à pied, construit en 1612, par Pierre, premier du nom, du Buisson, sieur de Courson, autorisé à ce faire, par lettres patentes signées de Louis **XIII**, enfant, et contre-signées par la reine-mère Marie de Médicis, régente du royaume. (Voir la copie de ces lettres royales à la troisième partie.)

Cette terre, sise à Gavrus sur Evrecy, appartient aujourd'hui aux Jumilhac-la-Chapelle.

### 7° FIEF DE LAIZE.

**LAIZE** et **OUTRE-LAIZE**, deux fiefs et paroisses près de Bretteville sur Laize, dont les Le Marchand, vieux nobles de Caen, étaient jadis seigneurs. — Une Le Marchand, dame de Laize, épousa au commencement du XVIe siècle messire Le Sueur, écuyer, dont sortit Marie Le Sueur, dame de Laize, femme en deuxièmes noces de Claude, premier du nom, du Buisson, sieur de Courson et mère d'Anne du Buisson, sieur ou seigneur de Laize, archidiacre et vicaire général de la cathédrale de Rouen et conseiller clerc au parlement de Normandie de 1595 à 1628.

### 8° FIEF DE LIZONDIÈRE.

**LA LISSONDIÈRE** ou **LIZONDIÈRE**, fief noble et seigneurie assis en la paroisse de St-Antoine de Sommaire sur Verneuil (Eure), apanage d'une branche des du Buisson normands, de la même souche que les du Buisson de Cristot-Courson, et maintenue noble en l'an 1668 par M. de Marle, intendant de la généralité d'Alençon, en les personnes de messires Gédéon et Jacques du Buisson.

### 9° FIEF DE LONGPRÉ.

**LONGPRÉ** ou **LONGPREY**, hameau dépendant de la commune d'Aubigny (Calvados), ayant château flanqué de tourelles. — Ancien fief ayant appartenu à une branche de la maison du Buisson établie plus tard en la généralité de Rouen.

### 10° FIEFS ET SEIGNEURIES DIVERS.

1° ROMMARIE OU LE ROUMOYS, fief possédé en 1589 par Tanneguy du Buisson ;

2° LA FONTENELLE sur Gavrus, fief possédé par Claude, deuxième du nom, du Buisson ;

3° LE VERNEY sur Cristot, fief acquis par Anne du Buisson de Laize, le 6 mars 1621 ;

4° AIGREFEUILLE et LA BRANCLIÈRE OU BRANCHERIE. — Même souche que les du Buisson de Courson-Cristot ;

5° LE BIZAY OU LEBIZEY, fief relevant du roi et possédé en 1650 par Pierre II du Buisson de Cristot, du chef de sa mère Anne Lamendey, dame de Lebizey ;

6° BARROIS, en la vicomté d'Arques. — Etc., etc.

## § 3. — TITRES HONORIFIQUES, PATRONAGE

## ET DROITS FÉODAUX.

Le titre de SEIGNEUR ET PATRON que les du Buisson possédaient dans les paroisses du Buisson, d'Iquelon, de Cristot, de Brouay, etc., leur conférait un certain nombre de droits honorifiques, tels que : Nomination du prêtre-curé ; prières nominales à l'église (*Domine salvum fac, etc.*) ; droit à l'encensement à la messe et aux vêpres (*trois coups d'encensoir*) ; présentation de l'aspersoir dans le banc seigneurial ; baiser la patène et communier à jour fixe en lieu élevé et séparé ; banc seigneurial dans le chœur et premier banc dans la nef ; sonner les cloches pour convoquer les vassaux ; tenir les plaids de justice sous le porche de l'église ; entrer armé dans l'église, suivi de chiens et de varlets ; droit de sépulture et de caveaux dans le sanctuaire ; droit de listres ou ceintures funèbres armoriées, en dedans et en dehors de l'église ; droit de faire sonner les cloches pendant les quarante jours qui suivaient le décès du seigneur patron, etc.

Il est légalement établi que la maison est d'origine féodale, puisqu'elle tire son nom du fief noble et paroisse du Buisson, *alias* du Buisson St-Aulbin, terre qualifiée SIEURIE dont les possesseurs portaient le titre héréditaire de sieurs du Buisson, titre féodal inférieur à sire et supérieur cependant à celui de seigneur simple.

De même le titre de NOBLE HOMME (*vir nobilis*), était supérieur à celui D'ÉCUYER dans le duché de Normandie. — Dès le commencement du XIIIᵉ siècle, les sieurs du Buisson portaient ce titre D'ÉCUYER qu'on retrouve sur les inscriptions tumulaires de Thomas et de Jehan du Buisson, inhumés dans le sanctuaire de St-Lô de Rouen. (Farin : histoire de Rouen). — A cette époque reculée (plus de cinq siècles), les vilains dormaient aux fosses des cimetières ; les bourgeois, les échevins obtenaient à prix d'or et de fondations la concession d'une lame de sépulcre dans les basses-nefs des églises ou des cathédrales. Il fallait être réputé d'ancien lignage pour reposer dans les sanctuaires chrétiens. — Ce seul fait établirait d'une façon incontestable la noblesse d'ancienne race de la maison du Buisson.

Les descendants de Thomas et de Jehan portèrent souvent dans les titres publics, jointe même à celle *d'écuyer*, la qualification de *noble homme*, titre féodal adjacent aux hoirs des gentilhommes de nom et d'armes sortis des anciens chefs normands. — Ce titre excellent, NOBLE HOMME, VIR NOBILIS, est, d'après La Roque, d'Hozier père, les arrêts du Grand Conseil et ceux de la Cour des Aydes

de Rouen, « *qualification très noble en Normandie :*
« *Il signifie, gentilhomme de race : il équivaut au*
« *moins au titre de chevalier et est de beaucoup*
« *supérieur au titre d'écuyer.* »

D'après un ancien usage passé en force de loi sous
l'ancien régime royal, le chef, les membres ou plus ordinairement le fils puîné d'une ancienne maison noble
d'origine féodale étaient désignés sous la qualification de
CHEVALIER, sans qu'il fût besoin de lettres du souverain
confirmatives de ce titre. — C'est pourquoi probablement, nous voyons dans les pièces de famille cette qualification de chevalier, portée d'abord par Pierre-Nicolas du
Buisson de Christot, qui, il est vrai, était chevalier de
St-Louis, ensuite par son fils Guillaume-Nicolas du
Buisson de Christot, qui jouissait du même privilége, et
enfin par le fils puîné de ce dernier Jean-Louis-Antoine du
Buisson, désigné partout sous le titre de chevalier de
Courson.

En outre, d'après un règlement de Louis XV, consacré
aussi par l'usage, il était concédé aux seigneurs de haubert de porter un timbre de BARON au-dessus de leurs
armes et aux seigneurs châtelains et possédant fief et
basse-justice un timbre de COMTE ou de MARQUIS. — On
présume que le timbre de COMTE qui surmonte aujourd'hui
les armoiries de MM. de Courson date de cette époque.

Une masse de familles, aujourd'hui existantes, ont inféré
de là et à tort qu'elles pouvaient prendre les *titres* de
*comte* ou de *marquis*, sans cependant qu'il y ait eu
érection royale de comté ou de marquisat.

## § 4. — ARMOIRIES DE LA MAISON DU BUISSON.

## VARIATIONS DANS L'ÉCUSSON.

## BLASONS DES DIVERSES BRANCHES.

———

PRÉAMBULE et APERÇU HISTORIQUE. — Le droit d'avoir des armoiries est-il du domaine public ?

OUI, si on se retranche derrière le mutisme de la loi du 28 mai 1858, qui se tait sur ce point.

NON, si on considère l'écusson comme une propriété de famille qui, comme toute propriété, se transmet naturellement par l'hérédité directe.

Nous partageons cette dernière opinion consacrée par la législation qui a précédé 1789 et, dans ces dernières années, par un arrêt de la Cour de Paris du 8 août 1865. (Affaire Montmorency et Talleyrand-Périgord.)

Le premier traité du blason, qui parut sous Philippe-Auguste et lui fut dédié, avait pour but de réglementer les principes d'une science qui n'était encore qu'à l'état rudimentaire, et de mettre un frein à l'emploi abusif qui se faisait déjà des armoiries.

Car si au souverain seul appartint plus tard le privilége de donner des armes à certaines familles, il n'en fut pas toujours de même.

C'était originairement des princes, des ducs, des hauts barons et des seigneurs suzerains que les premiers chevaliers tenaient l'épée et le titre dont ils étaient revêtus.

Ils se faisaient un devoir et un honneur d'adopter les armes de ceux qui leur avaient conféré la chevalerie, ou tout au moins de prendre quelques pièces de leur blason, pour l'ajouter à celui de leur propre famille. — Plus tard, ces mêmes chevaliers en créaient d'autres et transmettaient à ceux-ci les couleurs et les pièces héraldiques qu'ils avaient eux-mêmes adoptées. De là des répétitions nombreuses sur certains écus appartenant à des familles originaires d'une même province.

L'institution des maréchaux d'armes doit être considérée comme la première mesure destinée à régulariser le droit aux armoiries.

Charles VIII, par lettres royales datées d'Angers le 17 juin 1487, institua Gilbert Chauveau, dit Bourbon, hérault d'armes de monseigneur le duc de Bourbon, « en l'office de mareschal d'armes des Français. »

Depuis et même avant ce roi, des juges d'armes, des commissaires spéciaux assuraient autant que possible la *légale* possession des armoiries.

Une ordonnance du roi Henri II, datée d'Amboise le 26 mars 1555, défendit de changer d'armoiries sans autorisation royale.

Mais, malgré leurs efforts, les juges d'armes d'Hozier et Chérin (Louis XIII, Louis XIV, Louis XV et Louis XVI) ne parvinrent jamais à empêcher que la confusion ne se glissât dans la multiplicité des armoiries françaises, qui sont du reste de plusieurs sortes. Les principales sont : les armoiries de famille, de domaine, d'alliance, de concession, de patronage, de succession, les armoiries inhérentes à certaines charges et dignités, etc.

La révolution de 1789, qui fit table rase des priviléges de la Noblesse, proscrivit définitivement, à la date des 19-23 juin 1790, les titres, les qualifications féodales, les armoiries et les livrées.

Sous l'Empire, qui créa une noblesse nouvelle, et sous la Restauration, les armoiries recommencèrent à se produire comme marques distinctives particulières aux familles nobles. La loi du 17 avril 1832, qui fit disparaître de l'article 259 du Code pénal les dispositions relatives aux usurpations de titres, en multiplia l'emploi.

La révolution de 1848, qui abolit les anciens titres de noblesse, ne se préoccupa pas de la question des armoiries, et ainsi que nous l'avons dit plus haut, la loi du 28 mai 1858, qui modifie l'article 259 du Code pénal, est muette à cet égard (*).

Les ARMES PRIMITIVES des sieurs du Buisson étaient : D'ARGENT, AU CANTON DE GUEULES. — D'après les meilleurs héraldistes (Géliot, Palliot, Ménestrier, de Magny, etc.), le canton est une marque d'ancienne franchise, de droit de guidon, ou une concession du souverain pour leur bannière. Il figure en armoiries la bannière carrée ou guidon du chevalier banneret, ce qui ferait supposer qu'au XIIᵉ et XIIIᵉ siècle, les chefs de la maison du Buisson, soit sous le nom primitif de LICQART, soit sous le nom de SIEURS DU BUISSON, auraient porté un guidon de gueules, comme bannerets à l'arrière-ban de Normandie.

DES LÉVRIERS D'ARGENT AU COLLIER DE GUEULES, *emblèmes de la chasse seigneuriale,* formaient le CIMIER et les SUPPORTS de cet écu, dont le TIMBRE était un CASQUE DE CHEVALIER A CINQ GRILLES, orné de lambrequins.

Cet antique blason se trouvait sur les tombes du prieuré de St-Lô à Rouen ; il est en outre constaté *authentiquement* dans deux titres généalogiques, l'un extrait des archives de la bibliothèque de Rouen et remontant au XIIIᵉ siècle, l'autre de 1600, faisant partie du cartulaire de MM. de Courson et enregistré à Rouen en 1866.

Plus tard à l'époque des francs-fiefs normands (charte Louis XI : 1463-70), les du Buisson qui comparurent devant les commissaires députés par le roi à cette recherche obtinrent, comme tant d'autres familles, de la faveur du souverain d'autres armoiries imitées de l'écu royal de France et en même temps allusives au nom du Buisson :

---

(*) Disposition finale de la loi du 28 mai 1858.

« Sera puni d'une amende de cinq cents à mille francs quiconque, sans droit « et en vue de s'assurer une distinction honorifique, aura PUBLIQUEMENT PRIS « UN TITRE, CHANGÉ, ALTÉRÉ ou MODIFIÉ le nom que lui assignent les actes de « l'Etat civil.

« Le tribunal ordonnera la mention du jugement en marge des actes au-« thentiques ou des actes de l'Etat civil dans lesquels le titre aura été pris « indûment ou le nom altéré. »

D'AZUR (ailleurs DE SABLE), A TROIS ROSES QUINTEFEUILLES D'OR (*roses sauvages, roses de buisson à cinq pétales*), posées comme les lis de France, 2 et 1.

Dès lors l'écu fut divisé en deux sections : PARTI : D'ARGENT, AU CANTON DE GUEULES ; D'AZUR, A TROIS ROSES QUINTEFEUILLES D'OR. — Ce nouvel écusson est relaté et ainsi indiqué, à la fin du XVI<sup>e</sup> siècle, dans un manuscrit de la bibliothèque de Rouen contenant la liste générale des conseillers au parlement de Normandie, article Anne du Buisson, sieur de Laize, frère de Pierre, premier du nom, du Buisson, sieur de Courson.

En outre, dans un ancien recueil (*Rebus d'armoiries et de blasons normands et picards*) de la même bibliothèque de Rouen, on trouve une famille du même nom, portant des armes analogues, avec la DEVISE : LA ROSE VIENT DU BUISSON.

Néanmoins les seigneurs d'Iquelon, dans la descendance aînée, conservèrent jusqu'à l'extinction de leur branche, l'écu d'argent au canton de gueules.

Au **XVIII<sup>e</sup>** siècle, lorsque messire Pierre-Nicolas du Buisson de Christot-Courson, commandant du bataillon de milice des grenadiers de Caen, fit placer ses armes sur l'un des vitraux du chœur et sur le tableau d'autel de l'église de Cristot, écartelées avec d'autres que l'on suppose être celles de la famille Néel de Tontuy, il ne mit dans la première et dans la quatrième partition de l'écu que les armes primitives de sa maison, *d'argent au canton de gueules*. — Ce tableau d'autel existe encore aujourd'hui et est conservé par MM. de Courson ; quoiqu'il soit détérioré, on y voit néanmoins apparaître très nettement cet écusson à brisure écartelée, soutenu par deux lévriers d'argent, à tête contournée.

Guillaume-Nicolas du Buisson de Christot-Courson, fils *légitime unique* du précédent, conserva l'écartelure, ordinairement réservée aux armes d'alliance, et, reprenant l'écu *d'azur à trois roses quintefeuilles d'or* porté aussi par ses ancêtres, il le plaça sur ses armoiries à la deuxième et à la troisième partition, à la place du blason étranger.

TEL EST L'ÉCUSSON ACTUEL.

Mais aujourd'hui, sur la plupart des pièces armoriées de la famille du Buisson de Courson, l'écu est ainsi disposé : Ecartelé : au premier et quatrième d'azur à trois roses de buisson d'or ; au deuxième et troisième d'argent, au canton de gueules, à *sénestre*. C'est une erreur manifeste, une transposition rendue évidente par l'examen d'un blason gravé au siècle dernier et en outre par la mise du canton à senestre, place qu'il n'occupe jamais ; et cette erreur de disposition, sans importance sérieuse du reste, doit provenir originairement d'une gravure vicieuse faite sur un cachet : en effet le graveur n'aura probablement pas tenu compte de la nécessité d'imprimer les armes en sens inverse de la disposition réelle, afin que sur l'empreinte elles puissent se trouver replacées dans leur ordre naturel.

Le cimier et les supports de l'écu moderne sont les mêmes que ceux de l'écu primitif, des lévriers d'argent au collier de gueules et à tête contournée ; mais le timbre est aujourd'hui une COURONNE DE COMTE, usage et concession du règne de Louis XV.

Afin qu'il soit plus facile de se rendre compte des modifications survenues dans le blason de la famille du Buisson de Courson-Christot, ces modifications à différentes époques sont représentées ci-après, ainsi que les partitions transportées par erreur.

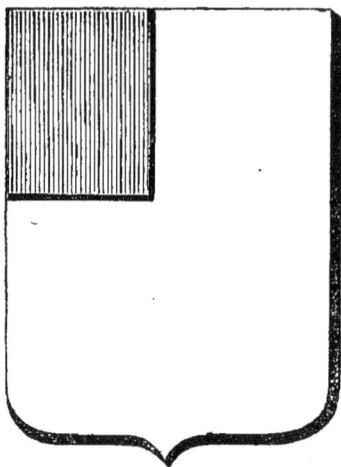

**Écu primitif**

XIIIᵉ SIÈCLE

*D'argent, au canton de gueules.*

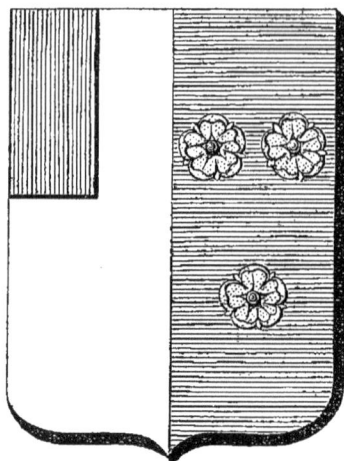

**Écu augmenté**

ÉPOQUE DES FRANCS-FIEFS (1470)

Parti { *D'argent, au canton de gueules ;*
*D'azur, à trois roses quintefeuilles d'or.*

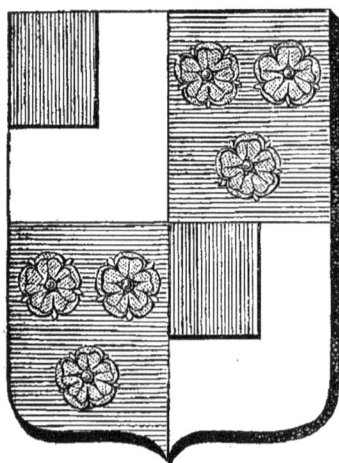

**Écu modifié**

XVIIIᵉ SIÈCLE

Écartelé { *Au premier et quatrième, d'argent, au canton de gueules ;*
*Au deuxième et troisième, d'azur, à trois roses quintefeuilles d'or.*

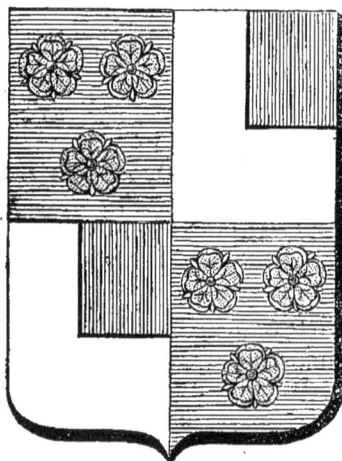

**Écu transposé par erreur,**

XIXᵉ SIÈCLE.

Écartelé { *Au premier et quatrième, d'azur, à trois roses quintefeuilles d'or ;*
*Au deuxième et troisième, d'argent, au canton de gueules, à senestre.*

Les principales brisures connues de l'écu des du Buisson normands étrangers à la branche qui nous occupe, sont les suivantes :

1° ANCIENS DU BUISSON, soit descendants de Jean, inhumé à St-Lô de Rouen en 1385, soit cadets d'Iquelon : *d'argent, à trois roses de buisson quintefeuilles de gueules*, 2 et 1 ;

2° DU BUISSON, SIEURS DE BARROIS, dont un brigadier aux gardes du corps, sous Louis XIV : *d'argent au chevron de gueules et trois trèfles de sinople*, 2 et 1. (Armes citées dans le traité du blason du marquis de Magny.)

3° DU BUISSON, SIEURS DE LISSONDIÈRE OU LIZONDIÈRE sur Verneuil, maintenus nobles le 15 janvier 1668 par M. de Marle, intendant de la généralité d'Alençon : *de sable, à trois quintefeuilles (roses de buisson) d'or*, 2 et 1. (Armes gravées dans l'armorial de Normandie de Chevillard.)

4° DU BUISSON, SIEURS D'AIGREFEUILLE ET DE LA BRANCLIÈRE : *d'azur, à trois quintefeuilles (roses de buisson) d'or*, 2 et 1. (Armes citées dans l'armorial des principales maisons et familles du royaume de France, par Dubuisson. — Paris, 1757.)

5° DU BUISSON, SIEURS DE LONGPREY, LONGPRÉ OU LONGPRAY : ont amalgamé les émaux et les meubles. Ils portent : *d'or, à la fasce de sable et trois roses de buisson quintefeuilles de gueules*, 2 et 1. — Ces armes sont inscrites à l'armorial général de France de d'Hozier, (1696). — On lit dans la RECHERCHE DE LA NOBLESSE de Roissy en 1599 : « *Philippe du Buisson, sieur de* « *Longprey, et Jacques, son frère puîné, sieur des* « *Trois Ménastres, anoblis par charte du mois de* « *mars 1597, registrée aux Comptes le même mois* « *1598, et aux Aides le 24 dudit mois ; paroisse* « *St-Trinité de Falaise, y demeurant sergenterie et* « *élection dudit lieu.* »

La charte ci-dessus mentionnée ne pouvait avoir d'autre but que d'anoblir les du Buisson de Longpray, *en tant que besoin serait,* et de les dispenser de rapporter d'autres preuves ; car il n'est guère douteux, malgré la modification des armes, qu'ils appartenaient à la race des du Buisson normands. — En 1696, messire Nicolas du Buisson, sieur de Longprey, était conseiller du roi et procureur aux siéges de l'Amirauté et Table de marbre, au Palais, à Rouen.

# SECONDE PARTIE

——◆——

# GÉNÉALOGIE

———

I<sup>er</sup> DEGRÉ PROBABLE, SANS CERTITUDE ABSOLUE.

RICHARD DU BUISSON, RICARDUS DE DUMO, ÉCUYER BANNERET, partit pour la troisième croisade avec son prince suzerain Richard Cœur-de-Lion, roi d'Angleterre et duc de Normandie.

Il se trouvait au camp de ce roi devant St-Jean d'Acre en Palestine, en 1191, ainsi qu'il conste d'un vieil acte en latin, déposé aux archives préfectorales de la Manche et où il figure comme premier témoin, avec Samson l'Hermite, Guillaume des Rotours, Guérin du Bosq et Nicolas de Cormeilles. (Voir à la troisième partie la teneur de ce document.)

Sans alliance connue.

I<sup>er</sup> DEGRÉ CONNU D'UNE FAÇON AUTHENTIQUE.

ROBERT, premier du nom, *dict* DU BUISSON, ÉCUYER, SIEUR DU BUISSON, paroisse située en l'élection de Caen, vivant vers l'an 1200 et peut-être fils du précédent.

Alliance inconnue, dont postérité. (Titre généalogique du XVe siècle.)

NOTA. — Robert du Buisson était contemporain de Jean Sans-Terre, roi d'Angleterre, dernier duc souverain de Normandie, et du roi de France Philippe-Auguste.

IIe DEGRÉ. — UN SEUL FILS CONNU.

ROBERT, deuxième du nom, DU BUISSON, ÉCUYER, SIEUR DU BUISSON, vivait en l'année 1225.

Vers cette époque, il prit alliance avec DAMOISELLE MARGUERITE DES CHAMPS, originaire, croit-on, de l'élection de Montivilliers en la généralité de Rouen, et dont il eut postérité. (Titre généalogique du XVe siècle.)

## NOTE SUR L'ALLIANCE.

DES CHAMPS, sieurs de Boishébert, d'Escures, d'Esnitot, plus tard comtes de Raffetot, etc., etc. maintenus nobles le 12 août 1667. — On doit signaler Robert des Champs, maire de Rouen en 1370, frère du célèbre cardinal des Champs, l'une des lumières du XIVe siècle.

Robin ou Robert des Champs obtint le 28 juillet 1437, lettres du roi Charles VII par lesquelles ce prince lui fit don jusqu'à 500 livres tournois, de tous les biens appartenant à Jean Marcef et Simon de la Mothe, bourgeois de Rouen, sur lesquels ils avaient été confisqués parce qu'ils avaient favorisé le parti des Anglais.

Armes : *d'argent à trois papegais* (perroquets) *de sinople, béqués et membrés de gueules.*

IIIe DEGRÉ. — UN SEUL FILS CONNU.

JEAN ou JEHAN, premier du nom, DU BUISSON, ÉCUYER, SIEUR DU BUISSON, vivant vers l'an 1260.

A cette époque environ, il épousa NOBLE DAMOISELLE ANNE
THOREL, d'une ancienne famille du pays de Caux, élection de Montivilliers, dont il eut postérité. (Titre généalogique du XVᵉ siècle.)

## NOTE SUR L'ALLIANCE.

THOREL, écuyers, sieurs de Castillon sur Lillebonne,
de la Montagne, du Manoir, etc., maintenus en 1666. —
Vieux nobles, portent : *d'azur, au demi-thorel,* (taureau)
*contourné d'or, au lion de même, posés en pal sur
une terrasse de sinople,* (alias *d'argent*) ; *au chef de
gueules, à trois molettes d'éperon d'or.*

### IVᶜ DEGRÉ.

N..... DU BUISSON (*prénom inconnu*), ÉCUYER,
SIEUR DU BUISSON, vivant vers l'an 1300.
Alliance restée inconnue.
Il laissa deux enfants mâles, souche de deux grandes
branches normandes, qui se subdivisèrent elles-mêmes
en plusieurs rameaux.

NOTA. — Un certain JEAN DU BUISSON *(Johannes de Dumo)*,
parent et peut-être frère du précédent, était chanoine de la cathédrale et membre de la cour archiépiscopale de Rouen, en 1326.
(Archives de la préfecture de la Seine-Inférieure).

### Vᶜ DEGRÉ. — DEUX FILS CONNUS.

MESSIRE MAITRE THOMAS DU BUISSON, ÉCUYER, SIEUR
DU BUISSON, AVOCAT DU ROI EN L'ÉCHIQUIER DE NORMANDIE,
aîné de sa maison, et vivant vers l'an 1330.
Il contracta mariage avec DAMOISELLE MARGUERITE
DES PORTES, dont il eut postérité.
Les du Buisson de Courson-Cristot, établis aujourd'hui
(1868) dans le Calvados, sont ses descendants directs,
sortis de Jean, fils cadet de messire Jean III du Buisson,

écuyer, seigneur et patron d'Iquélon en Caux, ainsi que nous le verrons plus loin.

Thomas du Buisson mourut en 1361 (ailleurs 1371), et fut inhumé *en haut lieu* dans l'église du prieuré de St-Lô de Rouen. (Titres généalogiques des XV<sup>e</sup> et XVI<sup>e</sup> siècles. Voir aussi Farin, histoire de Rouen.)

2° JEHAN DU BUISSON, ÉCUYER, frère du précédent. — Par son union avec DAMOISELLE MARIE MUSTEL, d'une vieille famille de Rouen, il donna naissance à d'autres rameaux des du Buisson normands. — Il suivit la carrière des armes et fut, comme son frère, inhumé dans le chœur de St-Lô de Rouen, après sa mort arrivée en 1385. (Titres généalogiques. — Farin, histoire de Rouen.)

## NOTES SUR LES ALLIANCES DES DEUX FRÈRES.

DES PORTES : Vieille maison de bourgeois nobles de Rouen, échevins de Caudebec au XVI<sup>e</sup> siècle. — Leurs armes, inscrites dans l'armorial de d'Hozier (1696), sont : *d'azur, à trois portaulx* (portails) *ouverts d'argent, maçonnés de sable.*

MUSTEL : Belle alliance ; anciens maires de Rouen. 1302 : Noble homme Jean Mustel, vicomte de l'eau de Rouen. — 1342-1352 : Noble homme Robert Mustel, maire de Rouen. — 1356 : Jean Mustel, maire de Rouen. — 1418 : Roger Mustel, écuyer, vicomte de Rouen. — 1509 : Jean Mustel, échevin de Rouen, député aux Etats de Normandie. — Etc., etc.

Portent : *de gueules à trois mustelles* (bélettes) *d'argent, 2 et 1.*

VI<sup>e</sup> DEGRÉ. — DE THOMAS DU BUISSON, UN SEUL FILS CONNU.

ROBERT, troisième du nom, DU BUISSON, ÉCUYER, SIEUR DU BUISSON vivant en 1350.

Il prit alliance avec NOBLE DAMOISELLE CHARLOTTE DE

GOUY, originaire du Vexin normand et dont il eut postérité. (Titre généalogique du XV<sup>e</sup> siècle.)

## NOTE SUR L'ALLIANCE.

DE GOUY, des comtes d'Arcy, très vieux nobles normands, famille célèbre dans l'épée et le parlement.

Armes : *Écartelé : au premier et quatrième d'argent, à l'aigle éployée de sable, armée et couronnée
de gueules ; au deuxième et troisième de gueules, à
la bande d'or.*

VII<sup>e</sup> DEGRÉ. — UN SEUL FILS CONNU AUTHENTIQUEMENT.

NICOLAS DU BUISSON, ÉCUYER, SIEUR DU BUISSON,
vivant en 1385.

De son mariage avec NOBLE DAMOISELLE PERRETTE
MARESCOT, il laissa un seul successeur connu. (Titre
généalogique du XV<sup>e</sup> siècle.)

## NOTE SUR L'ALLIANCE.

MARESCOT : très célèbre famille, dont on compte de
nombreuses branches, et qui fait remonter son origine
étrangère au temps d'Othon le Grand, empereur des Ro-
mains et des Germains, l'an 912. Elle est aujourd'hui
représentée par M. le marquis de Marescot de Lizares, au
Mesle-sur-Sarthe.

Armes : *fascé d'argent et de gueules, à la panthère
d'or, tachetée de sable, brochant ; au chef d'or, chargé
d'une aigle couronnée de sable, au vol étendu.*

VIII<sup>e</sup> DEGRÉ. — UN SEUL FILS CONNU.

CHARLES DU BUISSON, ÉCUYER, SIEUR DU BUISSON,
vivant en l'an 1420.

Il prit alliance avec DAMOISELLE ROBERDE ONFROY et en eut postérité. (Titre généalogique du XVᵉ siècle.)

## NOTE SUR L'ALLIANCE.

ONFROY, nom de plusieurs familles en haute et basse Normandie. — On y connaît les Onfroy de Tracy, les Onfroy de Breville, les Onfroy de St-Samson. — On est toutefois porté à croire que Roberde Onfroy était d'une famille d'écuyers du comté d'Eu, dont les armes enregistrées dans l'armorial de Chevillard sont : *d'argent au lion d'or, au soleil levant du même.* (Ecu vicieux : métal sur métal.)

NOTA. — Une autre famille ONFROY, établie en la généralité de Caen, fut anoblie par Henri IV en 1594, en la personne d'Etienne Onfroy, sieur du Cardonnay et de Belle-Etoile, docteur en l'Université de Caen, et dont le fils, Robert Onfroy, épousa au commencement du XVIIᵉ siècle Anne Lamondey, qui, après sa mort, se remaria avec Claude du Buisson de Courson-Cristot, en 1624. Cette seconde famille, maintenue par Chamillart en 1666, porte : *d'or, à la bande d'azur.*

### IXᵉ DEGRÉ. — UN FILS CONNU.

**JEAN** ou **JEHAN**, deuxième du nom, DU BUISSON, ÉCUYER, SIEUR DU BUISSON, vivant en l'an 1440.

Vers cette époque, il épousa NOBLE DAMOISELLE CHAR-LOTTE DE VAUQUELIN, d'une famille originaire du pays de Caux, établie plus tard en Basse-Normandie, et dont il eut plusieurs enfants : Jacques, Jean, etc. (Titres généalogique des XVᵉ et XVIᵉ siècles.)

## NOTE SUR L'ALLIANCE.

DE VAUQUELIN : l'un des plus vieux noms féodaux de Normandie. — En 1066, le sire de Vauquelin suivit Guillaume le Bastard à la conquête d'Angleterre. — Les Vauquelin étaient hauts barons de Ferrières en Bray et on les trouve à la première croisade, en 1096. — En 1470, est mentionné un Jean Vauquelin, noble de la sergenterie de Falaise. — Sous Henri III, nous trouvons un Vauquelin, marquis des Yveteaux, un Vauquelin de la Fresnaye, bailly de Caen, un Vauquelin, marquis d'Hermanville, procureur général au parlement de Rouen, un Vauquelin, baron des Chesnes.

Leurs armes sont inscrites de deux manières dans l'armorial de Chevillard : 1° *d'azur, au chevron d'argent, accompagné de trois croissants, celui de pointe surmonté d'une molette d'éperon, le tout du même ;* 2° *d'azur, au sautoir engrêlé d'argent, cantonné de quatre croissants d'or.* — Il est évident que c'est là une simple modification des mêmes armes.

X<sup>c</sup> DEGRÉ. — PLUSIEURS ENFANTS. — DEUX FILS CONNUS.

1° NOBLE HOMME JACQUES DU BUISSON, ÉCUYER, aîné de sa maison. — Il se maria avec DAMOISELLE LOUISE DES ESSARTS, d'une famille de l'élection d'Arques maintenue en 1670. (Armes : *d'azur à trois croissants d'or.*) — Il vivait encore en 1483 et mourut quelques années après, SANS POSTÉRITÉ. (Titre généalogique du XV<sup>e</sup> siècle.)

2° JEAN ou JEHAN, troisième du nom, DU BUISSON, ÉCUYER, HOMME D'ARMES, plus tard, SEIGNEUR ET PATRON D'IQUELON EN CAUX, né vers l'an 1450, souche des du Buisson qui nous occupent, redevint plus tard l'aîné de sa famille, son frère n'ayant pas eu d'enfants.

Dans le traité d'arrière-ban de Labbey de la Roque, il est cité comme ayant comparu en 1470 à la MONTRE DES NOBLES DE CAUX ET GISORS, passée au nom du roi Louis XI, par messire Antoine d'Aubusson de Montheil, grand bailly de Caux ; il se présenta, armé d'une cote de mailles, d'un casque et d'une épée, comme l'un des NOBLES du comté d'Aumale, en la vicomté de Neufchâtel, et fut maintenu en cette qualité. (Voir à la troisième partie le texte de la maintenue.)

5

Cette montre avait en outre pour but une maintenue de noblesse basée sur les francs-fiefs, conformément aux Lettres patentes de Louis XI, d'après lesquelles ceux qui justifiaient avoir joui paisiblement pendant quarante ans de fiefs nobles, étaient confirmés dans leur noblesse d'origine, sans autre preuve nécessaire. (Voir les œuvres de Labbey de la Roque.)

Ce fut probablement aussi ce Jean du Buisson qui saisit cette occasion d'ajouter aux armes primitives de sa maison l'écu *d'azur, à trois roses de buisson d'or*, imité de l'écu royal de France, armes que conserva seulement son fils puîné.

Vers la même époque (1470) et même avant, Jean du Buisson avait épousé NOBLE DAMOISELLE ETIENNETTE DE FAVILLY (ailleurs DU FAVERIL), fille de messire Jean de Favilly, écuyer, et de Marie Landry, dame et patronne d'Iquelon. (Titre généalogique de 1600. Original.) Ce fut ainsi que l'important fief d'Iquelon en Caux passa dans la branche aînée de la maison du Buisson, où il resta jusqu'au commencement du XVIIᵉ siècle. (Voir suprà : Fief et domaine d'Iquelon.)

De son mariage, Jean du Buisson eut cinq enfants, quatre fils et une fille.

Devenu veuf en 1493, messire Jean faisait passer, le 6 octobre de la même année, deux actes notariés devant deux tabellions de la vicomté de Pontaudemer, actes contenant les lots et partages de sa succession et de celle de sa femme entre ses quatre fils ; il ne se réservait que la jouissance pendant sa vie du fief d'Iquelon. — Ces actes sont curieux ; ils sont copiés par extrait à la troisième partie.

Il mourut probablement quelques années après ; on ignore l'époque exacte de son décès.

## NOTE SUR L'ALLIANCE DE JEAN.

DE FAVILLY ou DU FAVERIL : écuyers, sieurs de Ruberel, anciens nobles de Haute-Normandie. Mademoiselle Etiennette de Favilly était sortie par sa mère d'une famille

orignaire de Dieppe, les LANDRY. — En 1543, damoiselle
Etiennette de Landry épousa le célèbre capitaine Dieppois,
Jean, de Montpellé. — En 1551, nous trouvons messire
Jean de Landry, écuyer, sieur de Landrycourt, nommé *élu
de la marée fraîche de Dieppe.* — Sous Louis XIII,
on connaît le chevalier de Landry qui conspira contre le
cardinal de Richelieu ; ce dernier le menaça du dernier
supplice.

Armes des Favilly : *de sable, à l'écu en abîme d'argent, orlé de six fermaulx d'or.* (Fermaulx ; boucles de
ceinture des chevaliers.)

NOTA. — Il est à faire observer ici qu'une branche des du Buisson était restée en Basse-Normandie et représentée en 1470 par
messire Nicolas Licqart du Buisson. Ce dernier, lors de la teñue des
Etats de Normandie à Caen, le 1er octobre 1470, comparut aussi
devant les Commissaires députés par le roi Louis XI pour la recherche des francs-fiefs ; en outre, il obtint, le 7 octobre 1481, en la
Cour des Aides de Normandie, contre les paroissiens du Buisson,
un arrêt qui le confirmait, comme NOBLE, dans son exemption des
tailles. — Ainsi qu'il a été dit suprà, son fief du Buisson était
repassé, probablement par droit de reversion, en l'an 1592, à Pierre
du Buisson, sieur de Courson.

### XIᵉ DEGRÉ. — QUATRE FILS ET UNE FILLE.

1° NOBLE HOMME ROBERT, quatrième du nom, DU
BUISSON, ÉCUYER, SEIGNEUR ET PATRON D'IQUELON, né
probablement à Iquelon, vers 1468 ou 70. — Il s'unit avec
DAMOISELLE MARGUERITE MALDERÉE, de la famille des
Malderée-Catheville, et en eut postérité. Il continua la
branche d'Iquelon. — Le 6 octobre 1493, il prit part au
partage de la succession de ses père et mère et eut dans son
lot, en sa qualité d'aîné, la terre seigneuriale d'Iquelon, avec
les bois et pâturages de Batectot. (Acte de partage du 6
octobre 1493.)

2° MAITRE NICOLLE DU BUISSON, prêtre, qui devint curé de
la paroisse de Cany.

3° MAITRE JACQUES DU BUISSON, prêtre, qui devint curé de la paroisse de Riville.

4° JEAN DU BUISSON, ÉCUYER, *souche*. (Voir ci-dessous.)

5° LOUISE DU BUISSON, sans alliance connue.

(*Titre généalogique de* 1600 : *original.*)

MESSIRE JEAN, quatrième du nom, DU BUISSON, ÉCUYER, SIEUR DU GRANDVAL, fils puîné de Jean III du Buisson, seigneur d'Iquelon, naquit probablement à Iquelon vers 1470 ou 1472.

On ne connaît ni son alliance, ni le nombre de ses enfants ; on sait toutefois que ce fut, Jean, l'un deux qui, ainsi qu'on le verra plus loin, vint, après un second mariage, se fixer à nouveau en la généralité de Caen, berceau de sa famille, et que, de ce fils, en ligne directe, sont descendus les du Buisson de Courson-Cristot actuels.

Jean assista au partage du 6 octobre 1493 et eut pour sa part les fief, terre et seigneurie du Grandval, sis en la paroisse de Triqueville, *avec toutes les appartenances et dépendances, sans rien retenir ni excepter.* (Voir troisième partie.)

Il vivait encore au mois de février 1517, ainsi qu'il conste d'un arrêt de la Cour des Aides de Normandie, rendu sur appel, contre les paroissiens de Néville en Caux. Cet arrêt déclarait qu'il avait *pris père en ligne de noblesse* et qu'il avait justifié être fils de Jean, maintenu noble aux francs-fiefs. (Voir à la troisième partie la teneur de l'arrêt.)

On ignore la date de son décès.

NOTE SUR LA BRANCHE D'IQUELON.

Ainsi qu'il a été dit ci-dessus, Robert du Buisson, seigneur d'Iquelon, qui eut lui-même trois fils, devint le chef de la branche d'Iquelon. Cette branche s'éteignit en ligne masculine après quatre degrés et le beau fief d'Iquelon passa des du Buisson dans la maison des Le Roux de Froberville. — Un vieux titre généalogique de 1600, copié en entier à la troisième partie, indique la filiation des seigneurs d'Iquelon.

XII<sup>e</sup> DEGRÉ. — DE JEAN DU BUISSON, UN SEUL FILS CONNU.

NOBLE HOMME et SCIENTIFIQUE PERSONNE MESSIRE MAITRE JEAN ou JEHAN, cinquième du nom, DU BUISSON, ÉCUYER, et plus tard SIEUR OU SEIGNEUR DE COURSON, naquit probablement en Haute-Normandie, vers l'an 1492.

Le 25 juin 1513, il contracta un premier mariage, qui est mentionné dans l'Ordonnance de maintenue de 1704 (au commencement), sans désignation toutefois du nom de sa première femme. En eut-il postérité ? Aucun document ne le constate.

Quoiqu'il en soit, messire Jean, devenu veuf, était venu demeurer en la généralité de Caen, après avoir quitté le pays de Caux ; le 22 décembre 1517, il épousa NOBLE DAMOISELLE JEANNE BOUET ou BROUET, que l'on croit DAME DE COURSON (Mémoire de Robert Hubert, de 1697), et qui porta par son alliance ce titre et cette seigneurie dans la maison du Buisson. — Cette qualification, dont la première mention se trouve dans un contrat de 1522, s'est conservée, et appartient aujourd'hui à la seule branche peut-être existante de cette maison en Normandie.

De ce second mariage naquirent un fils (Claude), et une fille (Philippine).

Le 10 avril 1522, Jean du Buisson, qui avait dû se livrer dans sa jeunesse aux études scientifiques, fut reçu docteur en médecine par la Faculté de Caen, après y avoir obtenu précédemment les grades de bachelier et de licencié, *post adeptos baccalaureatûs et licentiæ gradus ;* c'est ce qui résulte d'une attestation en latin émanée de cette Faculté en 1583, et dans laquelle il est qualifié NOBLE HOMME, SIEUR DE COURSON, *nobilis vir, magister Joannes du Buisson, dominus de Corsono.* (Voir, troisième partie.) — D'après la Maintenue de 1704, il était professeur en la Faculté de médecine en 1525, et dans le traité de mariage de son fils Claude, il est dénommé *scientifique personne.*

Il mourut le 18 octobre 1531, en la paroisse St-Pierre de Caen, où il fut inhumé. (Attestation de la Faculté de médecine.)

Nota. — Dans deux contrats d'acquisition ou de fief, authentiqués devant le garde des sceaux de la vicomté de Falaise, l'un du 21 septembre 1522, l'autre du 25 septembre 1525, presque illisible, il est qualifié *noble homme, écuyer, sieur de Courson.*

## NOTE SUR LA SECONDE ALLIANCE.

**BOUET** ou **BROUET** : ancienne famille originaire du Poitou, dont une branche s'établit en Basse-Normandie à la fin du XVe siècle, probablement sur le territoire de la paroisse de Brouay, à laquelle elle semble avoir donné son nom. On suppose aussi qu'à cette même branche appartenait le fief seigneurial de Courson.

Armes : *d'argent, à trois hures de sable contournées, posées l'une au-dessus de l'autre, au lambel de brisure d'azur en chef.*

OBSERVATION. — Ainsi qu'il a été dit ci-dessus, on ne sait si Jean V du Buisson eut des enfants de son premier mariage ; mais tout porte à croire que MARIN DU BUISSON, COMMISSAIRE EXTRAORDINAIRE DES GUERRES dans les villes de Metz et Marsal en 1553, (Quittance du 10 janvier 1553), et LAURENT DU BUISSON, aussi COMMISSAIRE DES GUERRES en Italie en 1554 (Archives de la guerre), qui sont l'un ou l'autre la souche présumée des du Buisson de Lizondière, maintenus nobles en 1668 par M. de Marle, intendant de la généralité d'Alençon, étaient ses frères, ou ses fils sortis de sa première alliance ; tout au moins, il est avéré qu'ils étaient fort proches parents.

### XIIIᵉ DEGRÉ.

PREMIER LIT : PAS DE POSTÉRITÉ CONNUE AUTHENTIQUEMENT.

DEUXIÈME LIT : UN FILS ET UNE FILLE,
SEULS ENFANTS CONNUS.

1° CLAUDE du BUISSON, né à Caen en 1518 ou 1519. *Souche.* (Voir l'article ci-dessous.)

2° PHILIPPINE DU BUISSON DE COURSON, née à Caen vers l'an 1520, devint en 1540 la femme en secondes noces de messire CHARLES DE BOURGUEVILLE, ÉCUYER, sieur DE BRAS, le célèbre historien de Caen, qui fut nommé en 1568 *lieutenant général du roi* en cette ville, en remplacement de messire Olivier de Brunville. — De cette union, qui fut très féconde, naquirent quatorze enfants.

NOBLE HOMME MESSIRE CLAUDE, premier du nom, DU BUISSON, ÉCUYER, SIEUR OU SEIGNEUR DE COURSON, naquit en la paroisse St-Pierre de Caen, vers la fin de l'année 1518 ou au commencement de l'année 1519. (Second mariage de son père Jean, le 22 décembre 1517.)

Le 31 juillet 1533, quelque temps après la mort de son père, il lui fut donné un tuteur au baillage de Caen, pour veiller à ses intérêts, en raison de sa minorité.

Les documents font totalement défaut sur sa première jeunesse ; néanmoins on doit inférer des fonctions qu'il occupa plus tard, qu'antérieurement à la date de son mariage, il se livrait à l'étude du droit en la Faculté de Caen.

Au mois d'août 1551, il prit alliance avec NOBLE DAMOI-SELLE CATHERINE LE MAITRE D'ECHAUFFOU, fille de noble homme Robert Le Maître, sieur d'Echauffou, et de dame N....., veuve de messire de Bailleul. — Dans le *traicté* de mariage en date du 23 août 1551, reconnu devant le vicomte de Caen le 17 avril 1553, Claude du Buisson est qualifié *messire, escuyer, licentié en la Faculté des Droicts et advocat à Caen, fils et héritier de deffunct noble homme et scientiffyque personne messire Jehan du Buisson, en son vivant sieur de Courson.* — Présents au contrat : noble homme Jean de la Valette, sieur de Troismonts, honorable homme François Roger, sieur de Lyon (Lion-sur-Mer), Jehan Le Maistre, écuyer, messire Jean de Bailleul, écuyer et avocat à Caen, frère *en lay* de ladite damoiselle Le Maître. — Cet acte de mariage, qui est fort curieux, est relaté par extrait à la troisième partie.

De ce mariage naquit un fils unique, Tanneguy du Buisson. (Retrait lignager du 15 septembre 1574.)

Messire Claude devint bientôt après PROCUREUR POUR LE ROY EN SON PARLEMENT DE NORMANDIE, et il exerçait cette charge en 1554. (Quittance du 11 mars 1554.) Dans une sentence du haut baillage de Caen du 30 juin 1568, rendue entre lui et Richard Lamendey, sieur de Le Bizey, il est qualifié *messire, écuyer, docteur-ès-droits,* et il est reconnu possesseur et détenteur d'immeubles féodaux à Cristot.

Devenu veuf quelques années après son mariage, il épousa en secondes noces, vers l'an 1563, NOBLE DAMOISELLE MARIE LE SUEUR DE LAIZE, fille de N..... Le Sueur, écuyer, sieur de Laize, et de N..... Le Marchand, dame d'Outre-Laize.

De ce second mariage sortirent deux fils et quatre filles.

Claude du Buisson continua à résider dans la ville de Caen ; en 1574, dans un acte du 28 avril (bail à Gilles Angot), il était désigné *docteur régent en l'Ecole des droits de l'Université* de cette ville ; en 1583, dans une attestation émanée de la Faculté de médecine, il est qualifié NOBLE, SEIGNEUR de COURSON, DOCTEUR EN DROIT CIVIL ET DROIT CANON, ET PRIEUR (doyen) DES ÉCOLES DE DROIT DE LA FACULTÉ DE CAEN : *nobilis vir magister Claudius du Buisson, dominus de Corsonio, jurius utrusque doctor priorque facultatis jurium.* (Voir à la troisième partie la copie en entier de cette pièce intéressante.)

Enfin il décéda en sa maison sise en la paroisse St-Pierre de Caen, rue du Mesnil-Thorel, en l'année 1589. — (Acte de partage de sa succession, du 28 décembre 1589.)

Sa femme, Marie Le Sueur de Laize, lui survécut assez longtemps ; car elle figura au mariage de sa fille Marguerite, en 1614 ; on ignore l'époque exacte de son décès.

NOTA. — Un certain PIERRE du BUISSON, ÉCUYER, licencié ès-lois, conseiller aux hauts jours du temporel de Monseigneur le cardinal de Vendôme, archevêque de Rouen, était contemporain, parent et peut-être frère de Claude, sieur de Courson. Un procès-verbal dressé par ce Pierre du Buisson le 14 novembre 1552 existe dans les archives préfectorales de la Seine-Inférieure.

## NOTES SUR LES DEUX ALLIANCES.

1° LE MAISTRE, sieurs d'échauffou (ancienne baronnie féodale), depuis seigneurs de St-Arnoult et du Mesnil-Aubert. — Cette famille est alliée aux Onfroy de Tracy et de Bréville. — Armes : ancien : *d'argent à trois merlettes de sable ;* moderne : *fascé de quatre, argent et sable, à la haute-fleur de lis à l'antique, aussi de sable, brochant sur le tout.*

2° LE SUEUR, sieurs de laize et d'outre-laize (sur Bretteville), originaires de Carentan et alliés à la noble famille Le Marchand. — Un Jean Le Sueur, écuyer, était garde du scel des obligations de la vicomté d'Orbec, en 1594. — (Vidimus de lettres du 27 octobre 1594, par Jean Le Sueur, écuyer. — Extrait de titres anciens.) — Marie Le Sueur porta le fief de Laize dans la maison du Buisson et son second fils Anne en hérita du chef de sa mère. — Armes des Le Sueur : *d'azur, au chevron d'argent, à trois croissants de même, 2 et 1.*

XIV<sup>e</sup> DEGRÉ.

PREMIER LIT : CATHERINE LE MAITRE. — UN FILS UNIQUE.

TANNEGUY du BUISSON, écuyer, né à St-Pierre de Caen en 1552 ou 53, perdit sa mère quelques années après sa naissance. Dans l'acte de partage de la succession de son père, du 28 décembre 1589, il est qualifié, *escuyer, sieur de Rommarie, advocat en la court du parlement et conseiller en l'admirauté de Rouen.* Dans le contrat de mariage de sa sœur Marye du Buisson, il est désigné *conseiller du roy au siége général de la Table de marbre de Rouen* (amirauté et eaux et forêts), *et advocat en la court du parlement, sieur du Roumoys, etc.* — Il était décédé à la fin de l'année 1605. (Contrat d'amortissement du 15 octobre 1605.)

6

Nota. — On ignore d'une façon positive s'il se maria ; néanmoins il paraît probable que les du buisson, sieurs d'aigrefeuille et de la branclière ou branchérie, en l'élection de Caen, ne descendent que de lui ou d'un fils de Claude II du Buisson de Cristot-Courson, son neveu.

DEUXIÈME LIT : MARIE LE SUEUR DE LAIZE. — DEUX FILS

ET QUATRE FILLES.

1° pierre du buisson, écuyer, né à Caen vers 1564, *souche.* (Voir ci-dessous l'article qui le concerne.)

2° noble homme et discrète personne messire maitre ANNE du BUISSON, sieur ou seigneur de LAIZE, né à Caen vers 1565 ou 66, entra dans les ordres religieux, prit part à la succession de son père en 1589, devint successivement maître *d'escôlle* (de chapelle), puis *grand-chantre et chanoine de la cathédrale de Bayeux,* ensuite *chanoine de la cathédrale métropolitaine de Rouen.* — Le 29 mai 1595, il fut nommé conseiller en la cour du parlement de normandie, en remplacement de messire Mychel de Mouchy. — Dans le contrat de mariage d'une de ses sœurs en date du 17 novembre 1605 et auquel il assistait, il est ainsi désigné : anne du buisson, *seigneur de* laize, *conseiller au parlement, chanoine de l'église cathédrale de Notre-Dame de Rouen, archidiacre de la chrestienté.* — Dans un arrêt de 1603, il était déjà qualifié *membre de la Cour archiépiscopale de Rouen et promoteur de l'officialité diocésaine.* — Un peu plus tard il devint vicaire général de monseigneur de harley, archevêque de rouen, primat de normandie. — Ce conseiller fut un des hommes considérables de son époque et mourut le 19 septembre 1628 ; deux jours après, il fut inhumé dans le chœur de la cathédrale de Rouen. (Farin : histoire de Rouen.)

Nota. — Messire Anne acquit définitivement, en 1620, à la maison du Buisson, les droits de seigneurie et de patronage sur la paroisse de Cristot et obtint du roi Louis XIII ; en raison de ses services, l'érection de ce fief en fief libre, ne relevant plus de la couronne. — Il légua en mourant et par testament tous ses biens à son neveu Claude II du Buisson. (Voir suprà l'article sur le fief de Cristot.) — Ses armes sont indiquées dans le manuscrit contenant la liste des conseillers au parlement de Rouen et déposé à la bibliothèque publique de cette ville.

3° MARYE DU BUISSON, mariée le 22 janvier 1597 avec messire GUILLAUME HUBERT, ÉCUYER, SIEUR DU MESNIL. Ses frères Tanneguy, Pierre et Anne assistaient au mariage et dans le contrat, font en partie la dot de leur sœur. — On trouve dans le traité de mariage, relaté par extrait à la troisième partie, de curieux détails sur la coffrée ou corbeille d'une damoiselle normande à la fin du XVIe siècle.

4° GILLONNE DU BUISSON, mariée le 17 novembre 1605 avec honorable homme PIERRE FONTHAINES, bourgeois de Bretteville sur Laize, conseiller en l'élection de Falaise. — Furent comparants au contrat ses frères Pierre du Buisson, sieur de Courson, et Anne du Buisson, sieur de Laize, et notamment messire de Goyon, chevalier, sire de MATIGNON, comte de Thorigny, lieutenant général en Basse-Normandie, ami de la famille du Buisson. (Voir à la troisième partie des extraits du traité de mariage.)

5° CATHERINE DU BUISSON, mariée le 28 juin 1612 avec messire ANTOINE DE MANNEVILLE, SIEUR DE MONTMIREL, ÉCUYER, ancêtre des marquis de Manneville actuels. — Présent au contrat, entre autres, messire Jehan Rogier, sieur de Cailly, conseiller du roi au parlement et cousin de mademoiselle du Buisson. — Le traité de mariage, *écrit en entier de la main d'Anne du Buisson, sieur de Laize,* est un curieux spécimen de l'écriture des parlements au au commencement du XVIIe siècle.

6° MARGUERITE du BUISSON, mariée le 21 mai 1614 avec messire FRANÇOIS de BALLEROY, ÉCUYER, SIEUR de LA CARRIÈRE.

NOBLE HOMME MESSIRE PIERRE, premier du nom, DU BUISSON, ÉCUYER, SIEUR du BUISSON-ST-AULBIN, SIEUR OU SEIGNEUR DE COURSON, naquit en la paroisse St-Pierre de Caen vers l'an 1564 ou 1565.

Après des études sérieuses faites sous la direction de son père, il obtint, le 23 août 1584, des lettres de nomination de CONTRÔLEUR ORDINAIRE DE LA MAISON DE TRÈS HAUT ET TRÈS PUISSANT SEIGNEUR MONSEIGNEUR CHARLES DE BOURBON (*Charles X de la Ligue, premier prince du sang royal, oncle du roi Henri IV*), CARDINAL DE LA SAINTE ÉGLISE, ARCHEVÊQUE DE ROUEN, PRIMAT DE NORMANDIE. — On lit dans cette pièce curieuse, copiée en entier à la troisième partie, que cette charge fut concédée en raison de *l'entière confiance* qu'avait ce prélat *en la suffisante prud'homie, expédition et diligence* du jeune gentilhomme ; à la fin se trouve la formule royale *Car tel est notre bon plaisir.* — Avant d'entrer en fonctions, Pierre du Buisson prêta serment, le 8 septembre 1584, entre les mains de monsieur de Catheville, maître d'hôtel du cardinal prince.

Le 28 décembre 1589, il figura dans l'acte de partage des biens de son père, « *Lhots baillez par damoyselle* « *Marye Le Sueur, veuve de feu Claude du Buisson,* « *escuyer, docteur ès-droits, de la succession uni-* « *verselle du dict deffunct, à messires Tanneguy,* « *Pierre et Anne du Buisson, escuyers, enfants et* « *hérittiers du dict.* » Cet acte important constate que dans le tiers-lot, laissé sa vie durant à Marie Le Sueur de Laize, veuve de Claude du Buisson de Courson, se trouvait une terre féodale « *assise au téroir de Gavrue,* « *nommée La Fontenelle, sur laquelle il y a une* « *chasse, et ce, jouxte les terres des sieurs de Mon-* « *drainville, le Chanoine de Gavrue et le Pray* « *Labbey.* » — Ce fief de Gavrue ou Gavrus échut à Pierre du Buisson.

Par suite de ses relations avec les personnages importants de l'époque, il contracta un riche mariage à Chartres le 2 septembre 1692, avec HONORABLE DAMOISELLE ÉLISABETH ou YSABELLE BAUDOUYN, fille d'honorable homme Jehan Baudouyn, varlet de chambre (chambellan) ordinaire du roi (Henri III probablement, quoiqu'il fût mort en 1589), et de Nicolle Godeau. Cette dernière était de la famille de monseigneur Godeau, évêque de Vence. — Furent présents, comme témoins, à la cérémonie du mariage : Pour le sieur de Courson, noble homme messire maître Philippe de Vérigny, sieur de Canneville, conseiller au Grand Conseil du roi, et noble homme messire Louis Hubault, trésorier de la maison du cardinal de Bourbon ; pour la damoiselle Baudouyn, noble homme maître François Jolly, avocat au Grand Conseil du roi et honorable homme maître Nicolas Porriquet, procureur également au Grand Conseil. — Il résulte du contrat de mariage du sieur de Courson, contrat où il est qualifié *noble homme, contrôleur de la maison du cardinal de Bourbon* (quoique ce dernier fût mort depuis deux ans), qu'il possédait deux maisons à Caen, paroisse St-Pierre, une terre considérable à Gavrus, une autre à Bougy, etc., et des immeubles féodaux à Cristot. (Voir des extraits du traité de mariage à la troisième partie.)

Cette union ne donna naissance qu'à un fils unique, Claude, second du nom, du Buisson.

Héritier, en 1598, du chef de sa femme, des biens de sa belle-mère Nicolle Godeau, le sieur de Courson obtint, à la date du 7 août même année, une sentence de la Prévôté de Paris, au sujet de l'envoi en possession de ces biens ; dans cet acte, il est dénommé PIERRE DU BUISSON, SIEUR DU BUISSON ST-AULBIN, mari d'Ysabelle Baudouyn.

On le trouve ensuite attaché au service de la REINE MARGUERITE DE VALOIS, première femme d'Henri IV, et en l'an 1605, il remplissait auprès de cette princesse la charge de CONTRÔLEUR ORDINAIRE DÉ SA MAISON. (Traité de mariage de sa sœur Gillonne : 17 novembre 1605.) — Cette charge le rendait commensal d'une maison royale et eût suffi à elle seule à lui conférer la noblesse et l'exemption de tailles, s'il n'eût pas été déjà noble d'antique extraction.

Enfin quelques années plus tard, probablement après la mort de sa femme dont il n'est plus question dans aucun acte à partir de cette époque, il se retira dans sa ville natale. Lorsqu'il fut procédé, le 1ᵉʳ mars 1612, en l'hôtel commun de Caen et sous la présidence du sieur de Eritot, maire et bailly, à l'élection de six gouverneurs échevins, dont trois pris dans la noblesse et trois pris dans la bourgeoisie, il eut l'honneur d'être choisi pour PREMIER CONSEILLER et GOUVERNEUR ÉCHEVIN de la dite ville entre les membres de la Noblesse du lieu. Le procès-verbal de l'élection, relaté en entier dans la troisième partie, le désigne sous la qualification de NOBLE HOMME, SIEUR de COURSON. — En 1615, il exerçait encore ces fonctions. (Traité de mariage de sa sœur Marguerite.)

Au mois d'août 1613, il obtint de Louis XIII alors enfant, sur la proposition de la reine-mère, régente du royaume, des lettres patentes signées du roi et contre-signées de Marie de Médicis et du ministre Loménie de Brienne, qui lui concédaient l'autorisation de construire « *fuie et colombier* » en son fief de Gavrus, mouvant du roi, « *en considération,* lit-on dans ce document pré-« cieux, *des bons et agréables services que le dict* « *Pierredu Buisson, escuyer, sieur de Courson, et ses* « *prédécesseurs ont rendus aux feus rois Henri III*ᵐᵉ « *d'heureuse mémoire et Henri le Grand, notre très* « *honoré seigneur et père (que Dieu absolve), et lui* « *donner subject de les continuer envers Nous.* » (Voir à la troisième partie.)

Le 28 août 1615, il payait la part de contribution à laquelle il avait été imposé comme NOBLE et NOBLEMENT TENANT aux frais faits par les députés de la Noblesse du baillage de Caen aux Etats généraux tenus à Paris en 1614.

NOTA. — C'est à l'une des séances de ces États généraux que les députés de la Noblesse du royaume sollicitèrent et obtinrent du roi Louis XIII la création d'un juge d'armes de France pour réprimer les usurpations des titres de noblesse.

Messire Pierre passa les dernières années de sa vie dans la ville de Caen, se consacrant à la fois aux affaires publiques et à l'éducation de son fils Claude, et il mourut en la paroisse St-Pierre vers l'an 1632. — Une sentence du présidial de Caen du 16 mars 1650 constate qu'il vivait encore en janvier 1634.

## NOTE SUR L'ALLIANCE.

BAUDOUYN ou BAUDOUIN : Cette famille acquit au commencement du XVIIe siècle des fiefs en Normandie.

Louis Baudouyn, petit-fils du varlet de chambre d'Henri III, était officier de bouche du roi, sous Louis XIV.

Anoblis par leurs charges, les Baudouin furent maintenus par Chamillart le 16 mai 1667 et sont indiqués sieurs de Grandouët et du Fresne, en l'élection de Falaise.

Armes : *d'azur, au chevron d'argent surmonté d'une fleur de lis d'or et accompagné en chef de deux roses et en pointe de trois trèfles, le tout d'argent.*

### XVe DEGRÉ. — UN FILS UNIQUE.

MESSIRE CLAUDE, second du nom, DU BUISSON, ÉCUYER, SIEUR de LA FONTENELLE, qualifié après la mort de son oncle Anne, dont il était l'héritier, SEIGNEUR ET PATRON DE CRISTOT ET DE BROUAY, et après la mort de son père, SIEUR DE COURSON, naquit vers l'an 1594. (Date du mariage de son père.) Le lieu de sa naissance n'est pas complètement certain ; cependant il est probable que son père n'était pas encore à cette époque contrôleur de la maison de la reine Marguerite de Valois et qu'il vint au jour en la paroisse St-Pierre de Caen, ainsi que semble le constater du reste un certificat de la Faculté de droit de cette ville : *nobilis adolescens Claudius Buissonius, ex parroclià sancti Petri Urbis Cadomensis.*

Après le retour et la fixation définitive de son père à Caen, messire Claude suivit les cours de la Faculté de droit de ladite ville et, le 12 novembre 1616, il fut reçu en l'Université licencié en droit civil et en droit canon. (Registres de réception de la Faculté, de 1613 à 1637 : Archives de la préfecture du Calvados.) On lit dans l'acte qui constate sa réception, qu'il avait été dispensé de tous frais d'école, grâce à la faveur de son oncle Anne du Buïsson, conseiller au parlement de Rouen.

Le 17 février 1624, Claude du Buisson fit contrat de mariage avec HONORABLE DAMOISELLE ANNE LAMENDEY, fille d'honorable homme Robert Lamendey, sieur de Lebizey, résidant à Caen et veuve de messire Anne Onfroy, écuyer, sieur de Buron, dont elle avait plusieurs enfants. (Ordonnance de 1704.) Dans le traité de mariage, Claude est qualifié écuyer, sieur de La Fontenelle (nom d'une terre sise à Gavrus), *seul* fils et présomptif héritier de noble homme Pierre du Buisson, sieur de Courson et de damoiselle Elisabeth Baudouyn.

De ce mariage naquirent plusieurs enfants, dont *sept*, trois fils et quatre filles, sont connus nominativement.

Délégué par son oncle, il reçut en son lieu et place le 12 juillet 1628, un acte *de foy et hommage* rendu par un tenancier du nom de Blaize Louis à *noble homme Anne du Buisson, conseiller au Parlement de Rouen,* en raison de ses nobles fiefs de Cristot et de Brouay. La pièce qui le constate est curieuse ; elle est relatée par extrait dans la troisième partie.

Un état et déclaration de trois offices de contrôleur au grenier et magasin à sel de Caen, dont le revenu apparténait à messire Anne Onfroy, premier mari d'Anne Lamendey, et qui fut dressé et remis le 30 novembre 1629 à monsieur le bailli de Caen par les soins de noble homme messire Claude du Buisson, sieur de Cristot, dont il porte la signature autographe, constate qu'à cette date le sieur Claude était CONSEILLER DU ROI ET PROCUREUR POUR SA MAJESTÉ EN L'ÉLECTION ET GRENIER A SEL DE CAEN et que, comme second mari d'Anne Lamendey, il était le tuteur actionnaire des enfants en bas-âge du dit Anne Onfroy et d'Anne Lamendey, sa femme. — Dans un contrat d'échange du 8 novembre 1631, il porte également la qualification ci-dessus indiquée, jointe à celle de *noble homme, seigneur et patron de Cristot et de Brouay ;* enfin dans une sentence du présidial de Caen du 24 novembre 1637, il est désigné *écuyer, sieur des fiefs de Cristot,* LE BUISSON *et Brouay* (Inv. de production), ce qui indique que ce fief du Buisson près Caen (probablement Le Buisson sur Merville), qui était revenu par héritage à son père qualifié sieur du Buisson St-Aulbin, lui avait été transmis par ce dernier après sa mort. — Depuis cette date (1637), il n'est plus question de ce fief dans aucun acte de la famille.

Inquiété à la suite des Recherches sur les francs-fiefs et nouveaux acquêts de la province de Normandie, messire Claude fut déchargé comme NOBLE, le 11 décembre 1637, d'une taxe faite sur ses fiefs de Cristot et de Brouay, par jugement des Commissaires députés par le roi aux dites Recherches. — Ce jugement fut confirmé le 3 octobre 1643 par une ordonnance du sieur Le Roy de la Potterie, intendant de la généralité de Caen. (Ordonnance de 1704.)

Après la mort de sa femme Anne Lamendey, inhumée dans le chœur de l'église de Cristot le 24 avril 1639 (acte de sépulture extrait des registres de Cristot), le sieur du Buisson contracta dès l'année suivante (1640) une seconde alliance avec NOBLE DAMOISELLE FRANÇOISE DE POIL-VILLAIN (*alias* POILNILLAIN), d'une illustre famille de robe.

De ce second mariage naquit le 26 avril 1641 une fille sans désignation de nom, qui n'est autre que Marie du Buisson, mariée le 2 janvier 1658 à messire Georges Couespel, sieur du Mesnil-Patry. (Actes de l'Etat civil de Cristot.)

Cette seconde union, à laquelle étaient opposés ses en-enfants du premier lit, lui causa par la suite quelques procès et quelques ennuis. Nous voyons dès la fin de la même année 1640 (27 octobre), les enfants sortis du premier mariage d'Anne Lamendey, Jean et Robert Onfroy,

7

réclamer la part qui leur revenait dans la succession maternelle. En outre, depuis l'année 1654 jusqu'en l'année 1675, une série de procès s'engagea entre son fils aîné Pierre du Buisson et la belle-mère de ce dernier, qui était séparée de biens d'avec son mari dès l'année 1647 et à laquelle messire Claude avait affecté en dot et douaire la plus grande partie des fiefs de Cristot et de Brouay.

Malgré ces soucis, le même seigneur, inquiété de nouveau pour sa noblesse en 1656, obtint, le 2 septembre de cette même année, un jugement définitif de la Chambre souveraine établie pour la recherche des francs-fiefs de Normandie, jugement portant décharge à son profit, *à cause de sa qualité de noble homme et d'escuyer,* d'une nouvelle taxe de francs-fiefs sur lui faite en raison de *ses fiefs de Cristot et de Courson.* (Ordonnance de 1704.)

Le 30 juin 1659, il recevait encore un acte de *foy et hommage* de la part de Raollin Guibard, bourgeois de Caen, en raison de plusieurs fonds de terre possédés par ce dernier et dépendant de la seigneurie de Cristot. (Arrêt du Grand Conseil de 1675.)

Sur la fin de sa vie, Claude du Buisson paraît avoir fixé définitivement sa résidence en son manoir seigneurial de Cristot. Le 24 mai 1669, *mu de dévotion et désirant faire le salut de son âme,* il faisait présent au trésor (fabrique) de ladite paroisse d'une pièce de terre nommée Le Ruffey. (Acte de donation.) Mais, quoiqu'il eût hérité de biens considérables, ses dépenses, ses prodigalités, sa négligence et ses procès compromirent sa fortune de la façon la plus grave ; ce fut lui qui probablement aliéna le domaine du Buisson et le domaine de Gavrus, dont on ne trouve plus de trace dans les actes postérieurs.

Lors de la vacance de la cure de Cristot par suite du décès, en 1673 (13 septembre), de Jacques du Buisson, l'un de ses fils, il s'engagea, au sujet de la succession à cette cure, un grave procès entre quatre prétendants, dont l'un était nommé et soutenu par son fils aîné Pierre et dont un autre avait été pourvu de ladite cure par commission royale. — Claude du Buisson intervint dans l'instance et soutint qu'à lui seul, chef de la famille, même à l'exclusion de son fils, appartenait le droit de présentation et de désignation à la cure en litige, en sa qualité de seigneur du lieu et de patron de l'église; il concluait au maintien de l'abbé Thomas Huet, désigné par lui le 14 novembre 1673 et installé le 24 du même mois en la possession de la dite cure. Il soutenait en outre qu'en raison de l'érection de la seigneurie de Cristot en fief libre, au profit de son oncle Anne du Buisson dont il était l'unique héritier, sa maison se trouvait par les Lettres royales investie seule du droit de nomination. — Vingt et une pièces de procédure attestent l'intérêt capital de cette instance, qui s'était déjà engagée à l'occasion de la nomination du précédent curé et avait même été portée en appel au Parlement de Rouen. LE GRAND CONSEIL DU ROI, saisi en dernier ressort de l'affaire, rendit le 29 mars 1675 un ARRÊT fort important, qui reconnaît de la façon la plus formelle dans son dispositif les droits de la maison du Buisson en général et de Claude du Buisson, seigneur et patron de Cristot, en particulier, à la désignation à la cure de St-André de Cristot ; le même arrêt maintenait Thomas Huet en la possession paisible de la dite cure. (Voir à la troisième partie des extraits de cet arrêt.)

Messire Claude survécut environ quatre ans à cette reconnaissance éclatante d'un de ses droits seigneuriaux. Par contrat du 10 mars 1679, sa femme Françoise de Poilvillain lui fit don, pour lui et ses enfants, de la plus grande partie des biens qui lui appartenaient en propre. Peu de temps après et en cette même année 1679, il mourut à Cristot à l'âge de près de 85 ans et fut inhumé dans le chœur de l'église, ainsi que sa femme, décédée peu de mois auparavant.

Malgré la donation qui lui avait été faite, ses enfants durent renoncer à sa succession. (Renonciation du 2 janvier 1680.)

Nota. — Ainsi qu'il a été dit ailleurs, le droit de BASSE-JUSTICE était inhérent à la seigneurie de Cristot ; deux extraits des plaids (audiences) de la dite seigneurie tenus au manoir seigneurial les 12 juillet 1647 et 4 juillet 1650, extraits mentionnés dans l'arrêt du Grand Conseil, confirment ce fait et démontrent que cette justice se rendait au nom de messire Claude, seigneur et patron du lieu.

## NOTE SUR LES DEUX ALLIANCES.

LAMENDEY (ailleurs LAMENDÉ), famille de robe de Basse-Normandie, fort bien alliée. — Anne Lamendey est qualifiée DAMOISELLE dans plusieurs actes et sentences du présidial de Caen. Elle possédait, du chef de son père, le fief de Lébizey ou Le Bizey qui passa à Pierre II du Buisson, son fils aîné issu de son second mariage. Elle était nièce de Suzanne Lamendey, dame Angot de la Drouinière, et avait pour frère Jean Lamendey, sieur des Pallières. Elle appartenait à une riche famille de la haute bourgeoisie de Caen. — Sans armes connues.

DE POILVILLAIN (ailleurs POILNILLAIN OU POILVILAIN), nobles hommes, écuyers, sieurs de Monchauveau, Cresney, Misoir, etc.

On connaît un Nicolas de Poilvillain, échevin de Rouen en 1454 ; un Jean de Poilvillain, procureur général en la Cour des Aydes de Normandie en 1494.

Les Poilvillain, maintenus nobles en 1666, portent : *parti d'or et d'azur.*

XVIᵉ DEGRÉ.

PREMIER LIT. — ANNE LAMENDEY. — SEPT ENFANTS.

1° MARGUERITE DU BUISSON, née en 1626, figurant comme marraine de deux enfants baptisés à Cristot pendant les années 1632 et 1634, assistant en outre au mois d'avril 1644 au mariage de Jean de Vendes avec une damoiselle de Poilvillain. (Actes de l'État civil de Cristot.)

2° ANNE DU BUISSON, fille née en 1627.

Nota. — Ces deux damoiselles étaient religieuses au couvent des Bénédictines de Bayeux en 1659 ; ce fait résulte d'un contrat de cession fait à leur profit par leurs frères, le 17 mai même année, et mentionné dans une pièce de procédure du 9 mai 1675.

3° PIERRE DU BUISSON, né en 1628 : *souche*. (Voir ci-dessous l'article qui le concerne.)

4° NOBLE ET DISCRÈTE PERSONNE MAITRE JACQUES DU BUISSON, né en 1629, plus tard prêtre et figurant sur les registres de Cristot comme curé de la paroisse de 1659 à 1673. Sa nomination par l'évêque de Bayeux, faite sur la présentation de son frère aîné Pierre et malgré son père et sa belle-mère qui en avaient désigné un autre, n'eut pas lieu sans difficulté. Néanmoins il fut maintenu dans sa cure par sentence du présidial de Caen du 3 juillet 1660 et son père, qui avait porté l'affaire en appel au parlement de Rouen, se désista ensuite de cet appel en sa faveur. — Il décéda à Cristot le 13 septembre 1673.

5° PHILIPPINE DU BUISSON, baptisée à Cristot le 27 janvier 1631, mariée plus tard avec un sieur DU HAMEL. (Actes de l'Etat civil de Cristot. Contrat de fief du 27 décembre 1662.)

6° MARIE DU BUISSON, née en 1636, baptisée à Cristot le 23 avril 1638 deux ans après sa naissance, morte sans alliance le 22 janvier 1694. (Actes de l'Etat civil de Cristot.)

7° JEAN-BAPTISTE-CLAUDE DU BUISSON, baptisé en l'église de Cristot le 15 décembre 1637.

Nota. — On croit que ce fut de lui ou de son grand-oncle Tanneguy du Buisson, sieur du Roumoys, que sortit la branche des du Buisson, sieurs d'Aigrefeuille et de la Branclière, probablement éteinte aujourd'hui.

DEUXIÈME LIT. — FRANÇOISE DE POILVILLAIN. —

UNE SEULE FILLE CONNUE.

MARIE DU BUISSON, baptisée à Cristot le 26 avril 1641, épousa, le 2 janvier 1658, messire GEORGES COUESPEL, SIEUR du MESNIL-PATRY, avocat en la Cour du parlement de Rouen. (Actes de l'Etat civil de Cristot.)

MESSIRE PIERRE, second du nom, du BUISSON, ÉCUYER, SIEUR DE COURSON, SEIGNEUR ET PATRON DE CRISTOT ET DE BROUAY, naquit soit à Caen soit à Cristot en l'année 1628, ainsi qu'il conste de son acte de sépulture.

Les documents font défaut sur son enfance et sur sa première jeunesse ; quelques années après la mort de sa mère Anne Lamendey, mort arrivée en 1639, il fut envoyé, ainsi que ses frères, en possession des biens de cette dernière, par acte de la chancellerie de Rouen du 17 août 1646. A la fin de cette même année 1646, il présentait aux créanciers de son père un projet de lots et partages contenant distraction à son profit et à celui de ses frères, *du tiers coutumier* au quel ils avaient droit ; dans les terres qui leur restaient se trouvait le fief noble formant le haubert seigneurial de Cristot ; ces lots furent confirmés par sentence du présidial de Caen du 24 mars 1650. (Arrêt du Grand Conseil.) Une autre sentence du présidial de Caen du 19 mars 1650 porte en outre entérinement de Lettres obtenues par le même Pierre du Buisson' tant pour lui que pour ses frères, tous qualifiés *écuyers*, à l'effet d'être relevés d'un contrat d'échange passé entre messire Pierre (premier du nom) du Buisson, écuyer, sieur de Courson, leur aïeul, d'une part, et messire Claude du Buisson et dame Anne Lamendey, leur père et mère, d'autre part.

Brouillé avec sa belle-mère Françoise de Poilvillain peu de temps après avoir atteint sa majorité, il quitta la maison paternelle et une série de procès surgirent de cette inimitié et se continuèrent jusqu'en 1673. Le premier dont il soit fait mention date de 1654 et amena, le 24 juillet même année, un arrêt du Parlement de Rouen, rendu contre Pierre du Buisson. Nous trouvons en outre des arrêts du Parlement du 7 octobre 1654 et 10 juillet 1655 ; un acte de transaction judiciaire du 28 juillet 1661, etc., etc. Il perdit presque tous ses procès et fut obligé, pour les soutenir, de contracter des dettes nombreuses ; néanmoins, dans un procès au sujet du fief de Le Bizey, qui lui venait de sa mère Anne Lamendey, il obtint gain de cause et un arrêt du Parlement de Rouen du 17 mai 1669, dans lequel il est qualifié *fils aîné*, reconnaît que ce fief relevait directement du roi et condamne Françoise de Poilvillain aux frais de la saisie féodale du dit fief, indûment faite par elle. (Invent. de production de 1675 et arrêt du Grand Conseil). — Les voyages continuels que messire Pierre faisait à Rouen, augmentaient encore le délabrement de ses affaires ; nous trouvons en 1656, une reconnaissance, avec signature *autographe,* d'une dette de 232 livres, contractée par lui envers Nicolle Huet, hôtellier à Rouen. Il était encore dans cette ville en 1671 et nous voyons dans un acte de voyage, où il est désigné sous le nom de *sieur de Cristot,* qu'à cette date il dut se présenter au greffe des affirmations du parlement de Normandie.

Vers l'année 1673, Pierre du Buisson contracta un premier mariage avec DAMOISELLE MARIE ROGER ou ROGIER ; il est peu probable qu'il en ait eu des enfants (*) et tous renseignements font défaut sur cette alliance, qui n'est connue elle-même que par l'acte de sépulture de cette dame, inhumée à Cristot le 26 mars 1683, à l'âge de 28 ans environ.

Après le décès de son père, arrivé en 1679, le sieur de Cristot renonça, par acte passé au baillage de Caen le 2 janvier 1680, à la succession de ce dernier dont les affaires étaient fort dérangées. Néanmoins, comme d'après la coutume de Normandie il avait une réserve, il passa, le 26 mars 1681, un traité amiable, au sujet de ladite succession, avec son beau-frère messire Georges Couespel, époux de Marie du Buisson, issue du second lit de messire Claude.

---

(*) Les registres de l'État civil de Cristot manquent de 1672 à 1680.

Pierre du Buisson, auquel il manquait un héritier de son nom, ne resta veuf que quelques mois, et le 25 novembre 1683, après passation d'un contrat de mariage où il est désigné sous les qualifications de *noble homme, écuyer, sieur de Courson, seigneur et patron de Cristot et de Brouay*, il épousait NOBLE DAMOISELLE MARIE-ANNE DE MORANT, fille de messire Nicolas-Claude Morant, chevalier, seigneur et baron de Courseulles, issue d'une illustre famille normande. (Ordonnance de 1704.)

De cette seconde union naquirent deux fils, Pierre-Nicolas et Philippe ; le second mourut dans l'enfance.

Peu de mois après la naissance de son second fils, Pierre du Buisson décéda le 4 février 1686, à l'âge de 58 ans environ, en son manoir seigneurial de Cristot devenu sa résidence habituelle. Il fut inhumé le lendemain par discrète personne Thomas Huet, curé de la paroisse, dans l'intérieur de l'église. (Acte de sépulture.)

Dépensier comme son père, ayant soutenu de nombreux procès, ayant continué ses traditions de libéralité, comme lui aussi il laissa un patrimoine des plus obérés ; aussi, dès le 4 mars 1686, sa veuve Marie-Anne de Morant s'empressait de faire devant le lieutenant général au baillage et siége présidial de Caen, renonciation solennelle à la succession de son mari ; en outre elle fut contrainte en 1688, comme tutrice de son fils, de consentir à la vente de quelques terres pour l'acquittement d'une partie des dettes qui lui incombaient. (Acte d'assemblée du 15 novembre 1688.)

La dite dame de Morant mourut en 1695 à l'âge de 37 ans et fut inhumée le 7 novembre même année, dans l'église de Cristot, à côté de son mari. (Acte de sépulture.)

## NOTE SUR LA SECONDE ALLIANCE.

DE MORANT ( ailleurs MORAND ), issus de Jehan Morant, chevalier, qui, en 1271, devait au *roy* un jour de chevalier, pour son fief en la baillie de Caen. —

1590 : Thomas Morant, receveur général à Caen. — 1594 : Jehan Morant, l'un des capitaines de la garde bourgeoise de Caen.

Seigneurs et barons de Courseulles-sur-Mer, sieurs d'Eterville et autres lieux.

Dans les manuscrits de la Bibliothèque Impériale, collection dite les *cinq cents de Colbert*, portraits des membres du Parlement, on lit au numéro 243 : « MORAND : *fort éclairé, subtil, et d'une expression « aisée qui sait donner le tour aux choses et en à « fait de bons en sa vie ; normand et un peu dange- « reux.* »

Ce Morand, ou Morant, n'est autre que Thomas Morant, seigneur, baron, puis marquis du Mesnil-Garnier, comte de Penzès, né en juillet 1616, conseiller au Grand Conseil le 18 septembre 1636, maître des requêtes de l'hôtel les 1er et 6 août 1643, intendant de Caen en 1653 et de Rouen en 1655, mort le 6 octobre 1692. — Ces documents sont reproduits dans la Chesnaye-des-Bois.

Monsieur de Morant, l'un des personnages considérables du règne de Louis XIV, était encore grand *trésorier* et chevalier des ordres du roi et garde hérédithal des sceaux de la vicomté de Caen. C'était sa petite-fille, Marie-Anne de Morant, qu'épousa en 1683 Pierre du Buisson, seigneur de Cristot et de Courson.

Armes : *d'azur, à trois cygnes d'argent, becqués et membrés de gueules* (Chamillart 1666), ou plutôt : *d'azur, à trois cormorans d'argent.* (Armes parlantes : corvus marinus.)

### XVIIe DEGRÉ.

PREMIER LIT. — MARIE ROGIER. — PAS DE POSTÉRITÉ CONNUE AUTHENTIQUEMENT.

DEUXIÈME LIT. MARIE-ANNE — DE MORANT. — DEUX FILS.

1° PIERRE-NICOLAS DU BUISSON DE CHRISTOT ; *souche.* (Voir l'article ci-dessous.)

2° PHILIPPE DU BUISSON DE CHRISTOT, né à Cristot le 31 décembre 1685, mort peu de temps après sa naissance.

NOBLE HOMME MESSIRE PIERRE-NICOLAS DU BUISSON DE COURSON, ÉCUYER, CHEVALIER, SEIGNEUR ET PATRON DE CHRISTOT, naquit en cette paroisse le 29 juin 1684, fut baptisé en l'église de St-André de Cristot le 2 juillet suivant, et eut pour parrain messire Nicolas-Claude de Morant, chevalier, seigneur et baron de Courseulles, son grand-père maternel, et pour marraine noble dame Jeanne Fhiment. (Ext. des actes de baptême de la paroisse de Cristot.)

A la suite de la mort de son père Pierre du Buisson, mort arrivée deux ans après sa naissance, sa mère Marie-Anne de Morant fut désignée comme tutrice par le conseil de famille, assemblé le 23 septembre 1686. (Inventaire de production.) Ce choix fut confirmé par le roi Louis XIV, qui, par Lettres du 31 août 1694, commit à la GARDE NOBLE et tutelle dudit Pierre-Nicolas et à l'administration de ses biens sa mère, noble dame Marie-Anne de Morant devenue veuve. (Copie collationnée des Lettres royales.) — Cette dernière ne jouit pas longtemps de ce privilège ; car, ainsi qu'il a été dit, elle décéda à Cristot le 7 novembre 1695.

Anne de Morant fut remplacée dans la tutelle par un homme d'affaires dévoué à la famille et nommé Robert Hubert, qui, dès le 22 juin 1696, faisait passer un bail judiciaire au profit d'un sieur Quesnel, de toutes les maisons et de tous les héritages appartenant à son pupille dans la paroisse de Cristot ; il figure en outre en la même qualité de tuteur dans un acte d'assemblée de famille et dans une sentence en date du 2 janvier 1698, ayant pour but l'autorisation à la vente de quelques immeubles du mineur.

Pierre-Nicolas avait été déchargé comme NOBLE, le 6 juillet 1694, en la personne de sa mère, par les Commissaires généraux des francs-fiefs, d'une taxe sur lui faite à cause de ses fiefs de Cristot et de Brouay. (Ordonnance de 1704.) — Ayant été inquiété de nouveau en 1697, l'instance fut portée devant l'intendant de la généralité de Caen, messire Foucault de Magny, qui, se basant sur ce que les titres probants réclamés par M. de Chamillart, dans son ordonnance de provision du 7 juillet 1673, n'avaient pas été produits en raison de la négligence de Claude du Buisson de Cristot, aïeul du mineur, condamna par forclusion Pierre-Nicolas à deux mille livres d'amende, comme usurpateur de titres de noblesse.

Cette sentence causa un appel, fait au nom du mineur par son tuteur Robert Hubert, devant les COMMISSAI-RES GÉNÉRAUX DU GRAND CONSEIL DU ROI. (Conseil d'Etat.) — Sur la présentation d'un long mémoire en date du 12 août 1700, lesdits Commissaires généraux, statuant en dernier ressort, sur le vu d'environ cinquante-deux titres anciens constatant la noblesse d'origine de messire Pierre-Nicolas du Buisson, écuyer, sieur de Courson, seigneur et patron de Cristot et de Brouay, rendirent une ORDONNANCE datée de Paris le 17 août 1704 ; dans cette ordonnance, ils déchargent le mineur des condamnations portées contre lui, le MAINTIEN-NENT, lui et ses successeurs nés et à naître, EN LA QUALITÉ DE NOBLES ET D'ÉCUYERS et décident qu'ils continueront à jouir des honneurs, priviléges et exemptions dont jouissent les gentilshommes du royaume. (Voir à la troisième partie le dispositif en entier de cet arrêt, d'une importance capitale pour la maison du Buisson de Courson-Cristot.)

A l'âge de 19 ans, le sieur de Christot entra dans l'armée ; ENSEIGNE DE LA LIEUTENANCE-COLONELLE dans le régiment d'infanterie commandé par messire Léon de Madaillan de Lesparre, comte de Lassay, il fit la campagne de 1704 en Bavière et fut fait prisonnier à la bataille d'Hochetett, après y avoir donné des preuves de valeur et d'intrépidité, et resta près de huit ans prisonnier en Allemagne. (Certificat militaire émané du comte de Lassay.)

Nota. — Un de ses proches parents, peut-être un de ses oncles, N..... du Buisson, était dans l'armée à la même époque et nous le retrouvons, en 1715, lieutenant-colonel du régiment d'infanterie allemande des Guides. (Certificat militaire signé du Buisson, lieutenant-colonel.)

Pendant le séjour de Pierre-Nicolas en Allemagne, la Cour des Comptes, Aides et Finances de Normandie, qui ignorait probablement sa captivité, lui fit signification d'avoir à rendre *foy et hommage au roi,* en raison de ses fief, terre et seigneurie de Lebizey, relevant du roi. (Acte curieux. Voir à la troisième partie.)

De retour en France vers 1711 ou 1712, on le trouve à cette époque s'occupant de l'administration de ses biens, ainsi qu'il conste de différents contrats d'acquisition et de reconnaissance de rentes, à cette date ; mais dès l'année 1714, le fief de Brouay n'était plus dans ses mains.

Par Lettres royales du 21 août 1715, enregistrées le 27 décembre suivant, il se fit donner main-levée de garde-noble, formalité qui n'avait pas encore été remplie, quoi-qu'il eût atteint sa majorité depuis longtemps déjà. (Lettres du roi Louis XIV. Original.)

Vers l'an 1716, Pierre-Nicolas entra par alliance dans une famille d'une antique et illustre origine, dont plusieurs des membres avaient été ses chefs ou ses compagnons d'armes. En effet il épousa à cette date TRÈS HAUTE ET TRÈS NOBLE DAMOISELLE MARIE-ANNE DE ZUR-LAUBEN DE FRIBOURG, fille du baron N..... de Zur-Lauben de Fribourg, tenant à la vieille noblesse impériale du St-Empire Germanique en Thuringe et en Alsace, et descendant des La Tour de Châtillon en Valais.

Nota. — Deux tableaux, l'un représentant le baron de Zur-Lauben de Fribourg, et l'autre, la baronne sa femme, sont conservés encore aujourd'hui comme aïeux dans la maison du Buisson de Courson.

De ce mariage naquit un fils unique, Guillaume-Nicolas.

Quoique, par ses notes manuscrites, on ait la preuve que de 1720 à 1728, il se soit occupé activement de l'amélioration de son patrimoine, le sieur de Christot n'avait pas quitté l'armée et, en 1734, nous le trouvons probablement depuis quelques années déjà CAPITAINE DE LA COMPAGNIE dite DE CHRISTOT, sous le commandement supérieur du colonel le chevalier de Laye. (Brevet militaire du 11 janvier 1735.) En 1748, il était CAPITAINE GÉNÉRAL COMMANDANT LE BATAILLON DE GRENADIERS DE LA MILICE DE CAEN (brevet militaire donné à son fils le 18 mai 1748), et il fut nommé CHEVALIER DE L'ORDRE ROYAL ET MILITAIRE DE ST-LOUIS, par brevet du roi Louis XV, signé à Versailles le 17 février 1749. Messire Marc Pierre Voyer, comte d'Argenson, ministre de la guerre, lui avait déjà donné avis de sa nomination par une lettre du 26 août de l'année précédente.

Enfin il obtint en l'année 1757 une pension annuelle de retraite militaire de *cinq cents livres* sur le tré: r royal, ainsi qu'il lui en fut donné avis par lettre *autogi ι · phe* de René Voyer d'Argenson, marquis de Paulmy, alors ministre de la guerre.

Malgré une carrière militaire bien remplie, il s'occupait fréquemment de sa seigneurie de Cristot; le premier août 1721, il faisait à Claude Bourdon, devenu seigneur de Brouay, un contrat de fief d'une pièce de terre appelée les *Jardins Robin*, et les deux seigneurs se réservaient le droit de chasse réciproque sur les terres l'un de l'autre. En 1753, il obtenait sentence du Siège présidial de Caen, qui imposait au sieur Seigle, curé de St-André de Cristot, l'obligation d'avoir un vicaire dans l'intérêt des paroissiens.

Retiré à la fin de la vie dans son manoir seigneurial de Cristot, il écrivait sur un registre des notes qui renferment quelques renseignements utiles et même importants. Comme patron de la paroisse, il avait placé dans l'Eglise les armes primitives de sa maison écartelées avec d'autres que l'on suppose être celles de messire Néel de Tontuy, auquel il avait cédé déjà une partie de ses droits seigneuriaux. Ces armes se trouvaient à deux endroits : sur un des vitreaux du chœur, du côté de l'épître, et sur le tableau de l'autel, du côté de l'évangile. (Lettre du 17 août 1761, écrite par M. de Christot, enfant naturel, à son père.) Le tableau est encore conservé dans la famille du Buisson de Courson.

Il mourut le 26 juillet 1764 et fut inhumé le 27 dans le caveau de famille, en l'église de Cristot, par le curé de Tilly sur Seulles, assisté de plusieurs prêtres. (Acte de sépulture.)

Sa femme, Marie-Anne de Fribourg-Zur-Lauben, lui survécut 9 ans et fut inhumée auprès de lui après son décès arrivé le 11 novembre 1773, par discrète personne Pierre Langlois, curé de Loucelles et autres. (Acte de sépulture.)

Nota. Pierre-Nicolas du Buisson avait eu avant son mariage, un enfant naturel qui portait le nom de M. de Christot et qui obtint plus tard une position avantageuse à Lyon, daus les finances, croit-on. Ce fils se montra toujours profondément dévoué aux intérêts de sa famille et surtout de son père, avec lequel il fut en correspondance suivie jusqu'en 1762. — Après la mort de ce dernier, il ne rompit pas avec sa famille et la teneur d'une lettre adressée le 29 décembre 1774 à son frère légitime, Guillaume Nicolas du Buisson de Christot-Courson, prouve suffisamment qu'il conserva avec elle des relations affectueuses. — Il laissa postérité qui existe, croit-on, encore aujourd'hui.

## NOTE SUR L'ALLIANCE.

de ZUR-LAUBEN de FRIBOURG : Branche de l'illustre maison de La Tour de Châtillon, connue en Valais, (Suisse), dès le XIe siècle. — *Zur-Lauben* dérivé d'un mot allemand qui signifie *de la Feuille.* — Les barons de Zur-Lauben étaient en outre barons de Gestelemberg et de Wilerthall en basse Alsace, burgraves de Wiler, Ortemberg, Salles, Erlebach, etc., terres érigées en comté en 1692.

Cette famille a pour souche Aymon de Châtillon, damoiseau, vivant en 1263, fils puîné de Gérold II, baron de La Tour, en Valais ; de cet Aymon de Châtillon, sortit Balthazar de Châtillon, 1er baron de Zur-Lauben.

Il serait trop long d'énumérer les services rendus à la couronne de France par les Zur-Lauben ; il y a une très longue notice sur cette famille dans La Chesnaye-des-Bois. Nous citerons seulement Béat Ier, baron de Zur-Lauben, qui servit plusieurs années en France comme capitaine sous les rois Charles IX et Henri III, et la bravoure qu'il fit paraître, en 1569, à la bataille de Moncontour, lui valut une distinction royale. Charles IX lui accorda, à lui et à sa postérité, le droit de colleter le lion du cimier de ses armes d'un écusson d'azur à une fleur de lis d'or. Il porta pendant plusieurs années le titre de *Capitaine des gardes suisses des rois Charles IX et Henri III* et fut Landamne du canton de Zug, où il mourut le 18 décembre 1596.

En 1654, vivait messire Henry de Zur-Lauben de Fribourg, capitaine d'une compagnie de cent hommes d'armes d'infanterie Suisse au service de la France. — Cette maison a produit aussi un savant généalogiste, M. le baron de Zur-Lauben, connu par ses travaux sur les maisons d'Autriche, Lorraine et Guise. — In-8°. — Paris : 1770.

La seigneurie de Fribourg (seu Freyburg), possédée parune branche des Zur-Lauben, n'est ni Fribourg en Brisgaw ni Fribourg en Suisse, mais bien la petite ville et comté de Fribourg en Thuringe, dans la Saxe électorale.

Armes : *Ecartelé : au premier et quatrième d'or, à la tour crénelée de sable,* qui est de La Tour de Châtillon : *au deuxième et troisième d'azur, au lion saillant à dextre d'argent, tenant un tronc d'arbre de sinople, tigé de trois feuilles de même 2 et 1,* emblême du surnom de Zur-Lauben : *en abîme, un écusson d'azur à une fleur de lis d'or,* concession des rois Charles IX et Louis XIII. — Supports : *deux lions d'argent :* Couronne de *Baron.* — Cimier : *casque de*

*chevalier surmonté d'un demi-lion d'argent, colleté
d'un écusson d'azur á une fleur de lis d'or.*

Cette alliance est peut-être la plus brillante de celles
contractées par les du Buisson de Courson-Cristot.

XVIII<sup>e</sup> DEGRÉ. — UN FILS LÉGITIME UNIQUE.

MESSIRE GUILLAUME NICOLAS DU BUISSON,
ÉCUYER, CHEVALIER, SIEUR DE COURSON, SEIGNEUR ET PA-
TRON DE CHRISTOT, naquit au manoir seigneurial de
Cristot le 29 juillet 1717. Il résulte de son acte de bap-
tême, en date du 31 juillet, qu'il eut pour parrain messire
Guillaume de Pont, écuyer, et pour marraine, noble dame
Agnès Yves de St-Prest, épouse de messire Nicolas de
Morant, chevalier, seigneur et patron d'Eterville. (Actes
de l'état civil de Cristot.)

Dès le 1<sup>er</sup> janvier 1734, à l'âge de moins de 17 ans,
il était nommé LIEUTENANT dans la compagnie du capitaine
de Baulincourt, en Artois (brevet de nomination); puis,
l'année suivante, il obtenait la faveur de revenir en la
même qualité de LIEUTENANT dans la compagnie de CHRISTOT
commandée par son père et faisant partie du régiment
de milice de Caen sous les ordres du colonel chevalier de
Laye. (Brevet de nomination du 11 janvier 1735.)

Le jeune lieutenant prit alliance, le 30 septembre 1738,
avec NOBLE DAMOISELLE CATHERINE-LOUISE-HEN-
RIETTE DES PLANCHES D'HÉROUVILLE, fille de messire
Olivier des Planches, sieur d'Hérouville, chevalier de St-
Louis, conseiller du roi en l'élection de Caen, et de noble
dame Catherine Harel.

De ce mariage naquirent sept enfants : quatre fils et
trois filles.

Resté dans l'armée, Guillaume Nicolas était nommé
par le roi, le 18 mai 1748 et à l'âge de 31 ans, CAPI-
TAINE AYDE MAJOR dans le bataillon garde-côte de Caen.
Néanmoins, la proximité de Cristot lui permettait de se
rendre souvent en cette paroisse et, le 8 janvier 1746,

nous le voyons figurer comme parrain, assistant noble
dame Catherine Picquet, épouse de messire Jean-Pierre
Néel de Tontuy, dans l'acte de baptême d'un enfant né de
dame Marie-Anne Lamendey, sa parente éloignée.

En 1749, après la mort de son beau-père, il recueillait,
du chef de sa femme, son héritage, et se trouva ainsi
en possession d'une partie de la terre des PLANCHES, en
la paroisse d'Amblie, et en outre, d'une propriété impor-
tante située à Caen, paroisse St-Martin, et sur l'emplacement actuel du cimetière des *Quatre Nations*, à Baga-
telle. (Sentence d'envoi en possession du 6 octobre 1749.
Acte notarié du 23 décembre 1751.) — Un peu plus
tard, et toujours du chef de sa femme, il héritait des
biens d'un oncle de cette dernière, messire URBAIN DES
PLANCHES, sieur de CLOSVILLE, ancien avocat du roi, conseiller au baillage et siége présidial de Caen, et l'un des
échevins de la dite ville nommé par le roi. Ce parent avait
des terres à Amblie et à Pierrepont, *exemptes de toute
charge, fors foy et hommage.* (Acte notarié du 11
mai 1750.) — A la suite de ces deux héritages, il avait
fixé à Caen sa résidence habituelle et, en l'an 1757, il fut
nommé successivement troisième, puis second échevin de
la dite ville. (Archives municipales de Caen.)

Devenu veuf quelques années plus tard, vers 1762
environ, M. de Christot était à cette même date CHEVALIER
DE ST-LOUIS et CAPITAINE GÉNÉRAL DES MILICES GARDES-CÔTES
DE LA CAPITAINERIE DE BERNIÈRES-SUR-MER. (Acte notarié de
clameur lignagère du 24 décembre 1762.) Il est encore
désigné sous cette qualification dans un acte de lots et
partages de sa succession du 21 septembre 1780.

Le 16 octobre 1779, Guillaume-Nicolas du Buisson de
Courson-Christot décéda dans sa propriété des Planches,
paroisse d'Amblie, et fut inhumé dans le cimetière de la dite
paroisse, proche la Croix, côté du couchant. (Acte de
sépulture.)

A sa mort, on sonna pendant quarante jours son décès
à Cristot, ainsi qu'on le faisait précédemment pour ses

9

ancêtres, quoique son père, dans les dernières années de sa vie (1760 environ), eût cédé une partie de ses droits de seigneur et de patron de cette paroisse à M. Néel de Tontuy. Il avait du reste toujours conservé de bonnes relations d'amitié avec cette famille, et même, en 1774, il baptisa à Cristot, avec dame de Venoix, épouse de M. de Tontuy, une cloche qui existe encore aujourd'hui (1868) dans cette commune. (Voir, à la troisième partie, la copie de l'inscription gravée sur la cloche.)

## NOTE SUR L'ALLIANCE.

DES PLANCHES, SIEURS D'HÉROUVILLE, CLOSVILLE, LES LONDES et autres lieux. — Noblesse de robe de l'élection de Caen, qui a fourni plusieurs magistrats au baillage et siége présidial de Caen et plusieurs contrôleurs en l'élection et grenier à sel de la dite ville.

Armes, d'après les lettres d'anoblissement enregistrées en la Cour des Comptes, Aides et Finances de Normandie en 1700 et concernant Gabriel des Planches, sieur des Londes, conseiller en l'élection de Caen : *d'azur, à trois planches d'argent, posées en bande.* (Armes parlantes.)

XIXᵉ DEGRÉ. — QUATRE FILS ET TROIS FILLES.

1° PIERRE-LOUIS DU BUISSON DE COURSON-CRISTOT, né aux Planches sur Amblie le 12 novembre 1739, mort quelques années plus tard.

2° MARIE-ANNE-LOUISE, née aux Planches sur Amblie le 17 octobre 1740, morte le 27 novembre 1743.

3° MARIE GABRIELLE, née à Amblie le 21 octobre 1742, ne contracta pas de mariage ; ses trois frères lui faisaient une rente légitimaire après le partage de 1780.

4° DOMINIQUE-NICOLAS DU BUISSON DE COURSON-CRISTOT, né à Amblie le 20 février 1744. *Souche.* (Voir l'article ci-après.)

5° HENRIETTE-ANGÉLIQUE, née à Amblie le 9 novembre 1745, morte quelques années après sa naissance.

6° JEAN-LOUIS-ANTOINE DU BUISSON DE CRIS-TOT, qualifié LE CHEVALIER DE COURSON, né probablement à Caen en 1748 ou 49, entra plus tard dans l'armée comme OFFICIER DE CAVALERIE et, à la suite du partage de la succession de son père en 1780, il eut dans son lot ce qu'il restait du domaine seigneurial de Cristot. — Il avait épousé, le 17 août 1778, à la Graverie près Vire, noble damoiselle ANNE-JEANNE-CHARLOTTE DE SARCILLY, et de ce mariage naquirent seulement deux filles, Antoinette et Joséphine : la première épousa Louis-Jules-Auguste des Rotours, baron de Chaulieu, préfet du Finisterre, puis de la Loire, sous la Restauration ; la seconde se maria avec Gabriel-François des Rotours de Chaulieu, frère du précédent, sous-préfet de Dreux (Eure-et-Loir), également sous la Restauration ; ces deux dames donnèrent naissance à la famille des Rotours de Chaulieu actuelle.

Jean-Louis-Antoine du Buisson de Courson survécut à son frère aîné Dominique-Nicolas, mort en 1793, et avec lequel il avait toujours conservé d'étroites et amicales relations ; (voir ces lettres ;) il fut nommé subrogé-tuteur de ses neveux, mineurs à la mort de leur père, et décéda lui-même en sa maison, rue Egalité, à Vire, le 23 germinal, an V. (12 *avril* 1797. — Acte de décès).

7° PIERRE-LOUIS-GUILLAUME DU BUISSON DE COURSON-CRISTOT, né en 1752, et probablement à Caen : reçu bachelier en théologie le 28 février 1776 (attestation du recteur de l'Université de Caen), ordonné prêtre, pourvu d'un bénéfice ecclésiastique, nommé curé de Port-en-Bessin, et installé dans sa cure le 11 octobre 1779. (Acte d'installation.) Il célébra le mariage de ses deux frères, prit part au partage de la succession de son père le 24 septembre 1780, et mourut à Port-en-Bessin le 28 septembre 1781, à l'âge de 29 ans ; il fut inhumé le lendemain dans le cimetière de cette paroisse. (Acte de sépulture.)

MESSIRE DOMINIQUE NICOLAS DU BUISSON DE COURSON DE CRISTOT, ÉCUYER, GENTILHOMME et GARDE DU CORPS DU ROI, naquit au château des Planches, paroisse d'Amblie, le 20 février 1744, et fut baptisé le 22 du même mois dans l'église d'Amblie ; il eut pour parrain Dominique Préda, écuyer, capitaine au régiment royal italien, et pour marraine noble demoiselle Catherine-Madelaine de Gouville. (Acte de baptême.)

Comme son frère cadet Jean-Louis-Antoine, comme son père Guillaume-Nicolas, comme son grand-père Pierre-Nicolas, il suivit de bonne heure la carrière militaire et fut nommé, par brevet royal du 1ᵉʳ avril 1754, LIEUTENANT en la compagnie de Champvallon, dans le bataillon de milice de Caen, placé sous les ordres du commandant de Christot (Pierre-Nicolas), son grand-père.

Ayant obtenu un peu plus tard la faveur d'entrer dans les GARDES DU CORPS DU ROI, il y servit plusieurs années et ne quitta cette position qu'à la suite d'une *affaire d'honneur* qu'il eut avec un de ses supérieurs. C'est peut-être à cette occasion qu'un *certificat militaire d'ancienne noblesse,* contre-signé par plusieurs gentilshommes, lui fut délivré le 24 octobre 1776, par messire Charles-Hippolyte-Toussaint de Venoix, chevalier d'Anctoville, ancien capitaine du régiment de Berry et lieutenant des maréchaux de France au baillage de Caen. (Voir, troisième partie.) Brouillé avec son père et obligé de s'expatrier momentanément, il se retira en Suisse, après s'être arrêté à Lyon, où il reçut gracieux accueil de M. de Christot, fils naturel de son grand-père Pierre-Nicolas, et résidant en cette ville.

De retour en France après la mort de son père, il participa le 21 décembre 1780 au partage de sa succession, fit choix le premier en sa qualité d'aîné et eut notamment dans son lot les maisons et enclos et la terre des Planches, ainsi que les carrières d'Orival. (Acte de partage.)

Le 21 mai 1781, Dominique-Nicolas prit alliance avec NOBLE DEMOISELLE MARIE-LOUISE-ELISABETH-GENE-VIÈVE DE SCELLES DE PRÉVALLON, fille de messire Thomas de Scelles de Prévallon, chevalier, seigneur de Maillot et de Ste-Croix-Grand-Tonne, et de noble dame Elisabeth de la Rivière. — Le mariage fut célébré à Ste-Croix-Grand-Tonne, en la chapelle du château, par messire Pierre-Louis-Guillaume du Buisson de Courson, prêtre bachelier en théologie, curé de Port-en-Bessin, et frère de l'époux. (Acte de mariage.)

De cette union naquirent deux enfants : un fils (Ange-Casimir) et une fille (Marie-Henriette).

Il signa le 17 mars 1789, ainsi que son frère le cheva-valier de Courson (Jean-Louis-Antoine), la délibération prise en l'assemblée particulière de la Noblesse du baillage de Caen, délibération dans laquelle « *l'ordre de la no-* « *blesse du baillage de Caen, pour cimenter l'union* « *entre les trois ordres, arrêta de supporter l'impôt* « *dans une parfaite égalité et chacun en proportion* « *de sa fortune, ne prétendant se réserver que les* « *droits sacrés de la propriété et les distinctions* « *nécessaires dans une monarchie, s'en rapportant* « *absolument aux États Généraux pour régler les* « *immunités et priviléges à conserver indispensable-* « *ment à la Noblesse.* » (Extrait des procès-verbaux des assemblées de la Noblesse du baillage de Caen en 1789. Catalogue des gentilshommes.)

Quatre ans plus tard, le 27 mai 1793, Dominique-Nicolas de Courson-Cristot, décéda à sa terre des Plan-ches, où il résidait ordinairement depuis son mariage et où il passa une partie de la tourmente révolutionnaire sans être notablement inquiété. — Par autorisation municipale d'Amblie, il fut inhumé près de son domicile dans le cime-tière de Colombiers-sur-Seulles. (Acte de décès.)

Sa veuve lui survécut très longtemps et mourut à Bayeux chez sa fille, madame de Patry, le 23 novembre 1852, en accomplissant sa 99e année.

Nota. — Dominique-Nicolas avait jeté les premiers fondements du château actuel des Planches.

## NOTE SUR L'ALLIANCE.

DE SCELLES DE PRÉVALLON (ailleurs PRÉVALON), écuyers, seigneurs de MAILLOT, de SAINTE-CROIX-GRAND-TONNE et autres lieux, maintenus en 1666 en la personne de JEAN SCELLES, marqué dans la Recherche de Chamillart comme anobli par les francs-fiefs. — Les descendants de Jean Scelles produisirent aussi devant les élus de Bayeux en 1523 et devant Roissy.

On lit dans un vieux manuscrit sur la Normandie, provenant de l'ancien collége héraldique de France : « *Michel* « *Scelles, sieur de St-Paul, Christophe Scelles, sieur* « *de Sault, élection de Bayeux, reconnus nobles* « *dans un arrêt de 1521. — Mathieu Scelles, sieur* « *de la Fontenelle, Raphaël Scelles, sieur de Méautis,* « *élection de Bayeux, obtinrent relief de dérogeance* « *portant nouvel anoblissement, en 1587, vérifié en* « *1611. — Arthus Scelles, fils de Raphaël, obtint* « *pareilles lettres en 1617, sans finance.* » — Cette famille, qui a toujours résidé en l'élection de Bayeux, compte plusieurs chevaliers de St-Louis. Jacques-Jean de Scelles de Prévallon, frère de madame de Courson-Cristot, était officier au régiment de Bourbon, dragons, en 1783, et capitaine de cavalerie en Belgique, en 1790.

Les armes sont inscrites de deux manières dans l'armorial de Chevillard : 1° *Ecartelé : au premier et quatrième d'or, au lion grimpant de sable : au deuxième et troisième d'azur, à une fleur de lis d'argent.* (Sieur de la Mothe.) — 2° *d'argent, au chevron de gueules, accompagné de trois lionceaux de sable, 2 en chef et 1 en pointe.* (Sieur de Maniveu.)

XX^e DEGRÉ. — UN FILS ET UNE FILLE.

1° ANGE-CASIMIR DU BUISSON DE COURSON, né à Amblie le 16 septembre 1783. *Souche.* (Voir l'article ci-après.)

2° MARIE-HENRIETTE DU BUISSON DE COURSON, née aux
Planches sur Amblie le 7 décembre 1785, baptisée le 8
du même mois en l'église d'Amblie, ayant eu pour parrain messire Henri Harel, chevalier de l'ordre militaire
de St-Louis, et pour marraine noble dame Catherine-
Henriette Pallas, épouse de ce dernier. — Au commencement de l'année 1801, elle contracta mariage avec le
chevalier JEAN GABRIEL DÉSIRÉ DE PATRY, sieur de Hérils,
descendant d'une vieille famille Normande sortie de
Raoulin de Patry, chevalier banneret, croisé avec Godefroy de Bouillon en 1096. — De cette union sont nés
trois enfants : Virginie de Patry, sans alliance : Léon de
Patry, sans alliance : Louisa de Patry, morte religieuse
au couvent du Sacré-Cœur, à Blon près Vire. — Madame de Patry est décédée à Bayeux le 8 janvier 1867.

MESSIRE ANGE-CASIMIR DU BUISSON DE COURSON,
ÉCUYER, naquit au château des Planches le 16 septembre
1783 et fut tenu sur les fonts de baptême le 18 du même
mois, en l'église d'Amblie, par messire Thomas de Scelles
de Prévallon, chevalier de St-Louis, seigneur de Maillot
et de Ste Croix-Grand-Tonne, son grand-père maternel,
et par dame Angélique Brion, veuve de messire Urbain
des Planches de Closville. (Acte de baptême.)
Orphelin de père à l'âge de dix ans, il ne put suivre
aucune carrière par suite de la Révolution de 93 ; à sa
majorité, il dut consacrer ses loisirs à rétablir les affaires de sa famille, fort compromises par la mauvaise
gestion de ses père et mère.
Le 23 février 1808, il prit alliance avec NOBLE DEMOI-
SELLE JUSTINE AIMÉE DE BILLEHEUST D'ARGEN-
TON, fille de feu messire Thomas-François-Jacques de
Billeheust, baron d'Argenton, d'une illustre famille Nor-
mande d'origine Irlandaise, et de noble dame Françoise-
Louise Crespin du Neufbourg. — Au contrat de mariage
passé le 28 janvier 1808 au château de St-Marcouf du
Rochy, près Isigny, furent présents : Messire Jacques-

François de Scelles de Prévallon, oncle de l'époux ; Jean-Gabriel-Désiré de Patry ; noble dame Marie-Henriette de Courson de Patry ; noble demoiselle Marie-Françoise-Henriette Aimée Bauquet de la Hoderie ; noble demoiselle Armande Gabrielle de Pont, Monsieur François-Louis Bunouf Bunouville, procureur impérial à Bayeux, etc.

De ce mariage sont sortis deux fils : Louis-Eugène et Jules Aymard.

Les seuls faits saillants de l'existence de M. Casimir de Courson se résument ainsi : Héritier en 1810, en participation avec sa sœur et avec ses cousins MM. des des Rotours de Chaulieu, de messire Gabriel-Urbain des Planches, sieur des Londes, ancien conseiller du roi et contrôleur en l'élection et grenier à sel de Caen, cousin-germain de son aïeule Louise-Henriette des Planches ; (pièces de succession ;) — Requis en 1813, pour service militaire obligé dans la légion de garde nationale du Calvados, en résidence à Cherbourg, et contraint de se faire remplacer, ses affaires personnelles nécessitant sa présence à Amblie; (pièces de 1813 ;) — Ayant pris part en 1825, en participation avec son beau-frère Bon Eugène de Billeheust, baron d'Argenton, à l'indemnité accordée aux émigrés, par suite de la confiscation, pendant la période révolutionnaire, des biens ayant appartenu à leurs père et beau-père.

Sa santé s'était altérée à la suite de soucis et de fatigues ; aussi, quoique jeune encore, il mourut à sa terre des Planches le 29 août 1830 à l'âge de 47 ans, et fut inhumé le lendemain dans le cimetière d'Amblie. (Acte de décès.)

Sa veuve, qui existe aujourd'hui (1868), habite la ville de Bayeux.

## NOTE SUR L'ALLIANCE.

DE BILLEHEUST D'ARGENTON : — Famille de haute et antique noblesse, originaire d'Irlande; plusieurs de ses membres furent décorés de l'ordre de la Jarretière et furent membres du parlement d'Irlande. — Etablie en France au XVᵉ siècle, elle s'y distingua par les services qu'elle rendit à la Couronne. — Par arrêt de la Cour des Aydes de Normandie, rendu le 24 novembre 1486 en faveur de JEHAN DE BILLEHEUST, de la paroisse de St-Senier, élection d'Avranches, elle fut reconnue *noble d'ancienne extraction.*

Depuis ce Jehan de Billeheust, qui avait servi sous François II, tant en Luxembourg qu'en Hainaut, lorsque l'arrière-ban y fut commandé, tous ses descendants suivirent ses traces et occupèrent des grades supérieurs dans l'armée. Henri IV donna à Nicolas de Billeheust le fief de St-Martin dans la paroisse de Montbray, pour services rendus par ce dernier, lorsqu'il commandait l'arrière-ban de Vire.

Cette famille s'est divisée principalement en deux branches : L'une posséda les seigneuries des Loges sous Brécy et de St-Georges de Boismenastre dans l'élection de Mortain. — L'autre, outre les terres d'ARGENTON et de ST-VIGOR, dans l'élection de Vire, titrées de BARONNIES et de HAUTES JUSTICES, posséda les seigneuries de Ste-Marie des Monts, de St-Aubin des Bois, d'Annebec, etc.

De la branche d'Argenton et de St-Vigor sortit à la fin du siècle dernier noble demoiselle N... de Billeheust, mariée à Vire avec le comte de Percy, issu de la vieille famille Normande de ce nom ; le frère de cette dernière, messire Thomas François-Jacques de Billeheust, baron d'Argenton, appelé dans sa jeunesse le chevalier de St-Vigor et capitaine au régiment du Maine, en était le seul représentant mâle. A la suite de son mariage avec mademoiselle Françoise-Louise Crespin du Neufbourg, il donna naissance à un fils (Bon-Eugène), souche des d'Argenton actuels, et à Justine-Aimée de Billeheust d'Argenton, mariée en 1808 avec messire Ange-Casimir du Buisson de Courson.

Les armes des Billeheust d'Argenton, enregistrées dans l'armorial de Chevillard, sont : *d'azur, au chevron d'ar-*

10

*gent, accompagné de trois roses de même,* 2 *en chef et* 1 *en pointe.*

Nota. — Les représentants mâles actuels de la maison de Bille-heust d'Argenton, sont : 1° M. Henri de Billeheust, baron d'Ar-genton, résidant au château de St-Marcouf du Rochy, près Isigny. 2° M. Edouard de Billeheust d'Argenton, résidant au château de Ste-Honorine-Hérouvillette, près Caen. — Ces deux frères, mariés en Bourgogne avec deux sœurs, deux demoiselles de Frémenville-Nugue, en ont aujourd'hui l'un et l'autre postérité.

# REPRÉSENTANTS ACTUELS

## DE LA MAISON

## DU BUISSON DE COURSON - CRISTOT.

| XXIᵉ DEGRÉ. | XXIᵉ DEGRÉ. |
|---|---|
| *Branche aînée.* | *Branche cadette.* |
| LOUIS-EUGÈNE DU BUISSON DE COURSON : Né au château des Plan-ches, commune d'Amblie, le 28 juin 1810, baptisé le lendemain en l'église d'Am-blie : *parrain* : le baron d'Argenton, son oncle ma-ternel : *marraine* : Marie-Louise-Elisabeth-Geneviève de Prévallon de Courson, son aïeule paternelle ; | JULES-AYMARD DU BUISSON DE COURSON : Né au château des Plan-ches, commune d'Amblie, le 29 août 1812, baptisé en l'église du lieu le 13 septem-bre même année : *parrain* : Louis-Jules-Auguste des Rotours, baron de Chaulieu, auditeur au Conseil d'Etat : *marraine* : madame de Patry, sa tante maternelle ; |

Héritier de son père en 1830, à l'âge de vingt ans ;

Marié six ans après, le 20 juin 1836, en l'église de Villiers-le-Sec (Calvados), avec MADEMOISELLE LOUISE-ADOLPHINE DU MERLE, issue d'une des plus vieilles familles féodales de Normandie, fille de messire Foulques Jean-Louis du Merle, qui fut maire de Villiers-le-Sec pendant 37 ans, et de noble dame Victoire-Louise d'Auge de Bazenville : — de laquelle union un fils (Amédée-Casimir) et une fille (Marie-Berthe) ;

Héritier de son beau-père, après la mort de ce dernier arrivée le 4 novembre 1854 ;

Demeurant actuellement (1868) à sa terre des Planches sur Amblie, canton de Creully (Calvados), et s'occupant d'agriculture , goût conservé par lui depuis sa jeunesse.

Etudiant en droit, dans sa jeunesse, en la Faculté de Caen ;

Mineur sous la tutelle de sa mère, à la mort de son père en 1830 ;

Marié le 12 février 1838 par monseigneur Louis-François Robin, évêque de Bayeux, en la chapelle de l'évêché, avec MADEMOISELLE GABRIELLE LE ROY DE DAIS, d'ancienne noblesse, fille de messire Alexandre Le Roy de Dais, ancien colonel, officier de la Légion d'honneur, et de noble dame N... Lévy d'Albignac ; — de laquelle union trois enfants, deux fils et une fille ;

Héritier le 4 décembre 1845 de madame Marie-Modeste de Baupte, veuve de messire Jacques-François de Scelles de Prévallon, sa grand-tante par alliance, et prenant possession à Bayeux, en 1846, de l'ancien hôtel des comtes de Toulouse compris dans cet héritage ;

Héritier en 1866 de madame la comtesse de Percy, sa cousine par alliance ;

Résidant alternativement aujourd'hui (1868) à Bayeux et au château de St-Clair, près Vire, faisant partie de cette dernière succession.

## NOTE SUR L'ALLIANCE.

DU MERLE. — L'un des plus grands noms de la chevalerie et de la vieille féodalité Normande, châtelains et suzerains du Merlerault (Orne), qualifiés *barons*, puis *comtes* du Merle, seigneurs barons de Courvigny ou Couvrigny, barons de Messey, etc., etc.

Les du Merle étaient à Hastings (1066) avec Guillaume-le-Conquérant, et à la première Croisade (1096) avec Robert Courte-Heuse. — Foulques du Merle, frère de Guillaume IV, baron du Merle, était GOUVERNEUR DE ROBERT, COMTE D'ARTOIS, frère de St-Louis, et fut tué à la bataille de La Massoure (Égypte), le 9 février 1250.

Les armes des du Merle sont peintes dans l'une des salles des Croisades, au palais de Versailles, et leur nom est inscrit dans la galerie des maréchaux de France, en raison de l'élévation à cette dignité, par le roi Philippe IV le Bel, de MESSIRE FOULQUES ou FOU-

## NOTE SUR L'ALLIANCE.

LE ROY, sieurs d'Amigny, DU CAMPGRIN, DE DAIS, de Surville, du Gué, de Sonceboz, écuyers.

Ancienne famille de l'élection de Bayeux, dont la noblesse a été authentiquement reconnue à différentes époques, notamment en 1588 et en 1666, et qui compte des officiers de tout grade et plusieurs chevaliers de St-Louis.

Les preuves de noblesse fournies par cette maison devant d'Hozier, en 1737, font remonter la filiation à GUILBERT LE ROY, écuyer, mentionné le 27 mars 1494 dans un arrêt de la Cour des Aides de Normandie. Il est l'auteur connu de la branche du Gué, éteinte en 1760, de la branche d'Amigny, de la branche de Day ou Dais (St-Jean de Daye) et du Campgrin, qui existe encore en Normandie, et enfin de la branche de Sonceboz, en Suisse, issue de Jacques Le Roy, quatrième fils de Charles, sieur d'Ami-

CAUT ᴅᴜ MERLE, arrière petit-neveu du précédent, CHEVALIER, BARON DU MERLE, seigneur de Gâprée, de Messey et autres lieux, MARÉCHAL ᴅᴇ FRANCE en l'année 1302. — Un certain Guy du Merle était ÉVÊQUE ᴅᴇ LISIEUX au XIIIᵉ siècle.

Il existe dans le Registre Armorial de d'Hozier une généalogie de cette famille qui remonte seulement à MELLOC (probablement Guillaume VI), baron du Merle, vivant en 1250 ; mais une ancienne pièce généalogique conservée dans la famille et qui, continuée, donnerait aujourd'hui *vingt-neuf* degrés, remonte jusqu'à ROGER, *baron* DU MERLE, vivant VERS L'AN 1000, ayant épousé Edmée Giroye, fille de Guillaume, comte de Montreuil et baron d'Eschaufour. (Voir Orderic Vital, page 465. — Voir aussi le père Anselme : Grands officiers de la Couronne.)

Les du Merle comptent des apparentages dans la plus haute Noblesse et les Douglas d'Ecosse se sont alliés à cette famille. — On ne peut non plus passer sous silence le mariage con-

gny et de Marie du Campgrin.

Dans la branche Normande, qui est l'aînée, est à citer messire N... Le Roy de Day ou Dais, lieutenant des maréchaux de France à St-Lô sous Louis XV. — Jean-François-Auguste Le Roy, chevalier de Dais, comparut à l'assemblée de la Noblesse du bailliage de St-Lô en 1789.

Armes, enregistrées dans l'armorial de Chevillard : *d'argent, à trois merlettes de sable, posées 2 et 1.*

Nota. — Madame Aymard de Courson (Gabrielle de Dais) a un frère, M. Raoul Le Roy de Dais, seul représentant mâle de son nom, aujourd'hui (1868) COLONEL du 98ᵉ régiment d'infanterie de ligne et COMMANDEUR de l'ordre impérial de la Légion d'honneur.

tracté au château de Creully, le 11 octobre 1523, entre François, baron du Merle, seigneur de Courvigny, et noble damoiselle Françoise de Sillans, fille aînée de Jean de Sillans, baron de Creully.

La maison du Merle a formé plusieurs branches : les deux plus connues aujourd'hui sont celles des comtes du Merle, à Orbec, et celles des du Merle, à Cordebugle et Villiers-le-Sec, sorties l'une et l'autre de Jean du Merle, seigneur de Bois-Barbot, vivant en 1457 et décédé en 1472 ou 74.

Armes : *de gueules, à trois quintefeuilles d'argent, 2 et 1.* - Suivant une interprétation assez vraisemblable, le nom primitif aurait été DU MESLE. d'où les armes parlantes, *trois fleurs de néflier,* que l'on dit *meslier* en Normandie.

NOTA. — Madame Eugène de Courson (Louise-Adolphine du Merle), née au château de Villiers-le-Sec le 25 avril 1817, compte en outre dans son ascendance paternelle ou maternelle les maisons de Parfourru, de Patry, d'Auge et d'Amours de Villiers-le-Sec.

*Branche aînée : un fils et une fille.*

**1° AMÉDÉE-CASIMIR DU BUISSON DE COURSON, aîné ;**

Né au château de Villiers-le-Sec le 20 juin 1839 ;

Reçu bachelier ès-lettres à Caen le 3 décembre 1857 ;

Reçu licencié en droit en la Faculté de Caen le 13 avril 1861 ;

Attaché au cabinet du préfet de l'Orne (M. de Matharel), par arrêté préfectoral du 15 février 1863 ;

Nommé, par décret impérial du 4 novembre 1865, sur la proposition du ministre de l'intérieur (marquis de La Valette), MEMBRE DU CONSEIL DE PRÉFECTURE DES HAUTES-PYRÉNÉES.

2° MARIE-BERTHE DU BUISSON DE COURSON ;

Née au château des Planches, commune d'Amblie, le 28 juin 1844 ;

Mariée le 12 février 1867 avec RENÉ-PAUL DE VILLIERS DE HESLOUP, issu d'une

*Branche cadette : deux fils et une fille.*

**1° GEORGES-PAUL DU BUISSON DE COURSON, aîné ;**

Né à Bayeux au mois d'août 1839 ;

Fait un voyage au Brésil, comme aspirant à l'Ecole navale, en 1856 ;

Entré à l'Ecole de St-Cyr en 1858 ;

Nommé SOUS-LIEUTENANT D'INFANTERIE le 1ᵉʳ octobre 1860 ;

Fait partie, en 1863, de l'expédition française au Mexique ;

Nommé LIEUTENANT, au Mexique, le 12 février 1864 ;

Actuellement (1868) officier au 99ᵉ régiment de ligne.

2° MARIE DU BUISSON DE COURSON ;

Née à Bayeux au mois de novembre 1840.

Entre en 1864 au couvent des Sœurs Bénédictines de Caen, et prend le voile dans cette communauté en 1865.

vieille famille de la généralité d'Alençon ;

Dont Marie-Edith-Louise de Villiers, née au château des Planches sur Amblie le 3 mai 1868.

3° JOSEPH-ROGER DU BUISSON DE COURSON ;

Né à Bayeux, dans l'ancien hôtel des comtes de Toulouse, le 7 juin 1850 ;

Termine actuellement (1868) ses études à Paris.

# NOTES

SUR QUELQUES ALLIANCES ET APPARENTAGES NOTABLES

## de la Maison du BUISSON,

EN DEHORS DE LA DESCENDANCE DIRECTE ACTUELLE.

===

### BRANCHE D'IQUELON,

ÉTEINTE AU COMMENCEMENT DU XVII° SIÈCLE.

1° MALDERÉE, seigneurs de Catheville-sur-Dieppe. — Robert du Buisson, Marguerite Malderée.
Armes : *de gueules, à la croix ancrée d'argent ;*

2° DE PANNEBLEN : famille d'écuyers du comté d'Arques, aujourd'hui éteinte. — Guillaume du Buisson, Jeanne de Panneblen.
Armes inconnues ;

3° DE THILLIÈRES : Le Veneur de Carrouges, comtes de Thillières, dont Tanneguy Le Veneur de Thillières, chevalier de l'ordre du Roi, capitaine des ville et château de Rouen, en 1576. — François du Buisson, Claude de Thillières.
Armes : *d'argent, à la bande d'azur frettée d'or ;*

4° D'ANNEVAL DE St-MÉRY. — Il faut, croyons-nous, lire d'Esneval, seu Le Roux d'Esneval, sires de Pavilly, etc. Même estoc et mêmes armes que les Le Roux, sieurs de Froberville et plus tard d'Iquelon. (Voir ci-après.) — Charlotte du Buisson, Germain d'Anneval ;

11

5° DE LIVET, sieurs de Livet, Barville, Borneville, St-Léger, La Potterie, etc. Très noble maison de Normandie. — Catherine du Buisson, Jean de Livet.

Armes : *d'argent, à quatre fasces de gueules, au chef d'azur, chargé de deux merlettes accostant une molette d'éperon d'or.* Ailleurs en trouve aussi : *d'azur, à trois molettes d'or ;*

6° LE ROUX DE FROBERVILLE, qui devinrent au XVIIe siècle seigneurs et patrons d'Iquelon, par alliance avec Charlotte du Buisson d'Iquelon, portent : *de sable, à la fasce d'argent, chargée de trois croisettes de sable, et accompagnée de deux molettes d'argent, 1 en chef et 1 en pointe.*

### BRANCHE DU BUISSON DE LA LIZONDIÈRE.

RAGOT : Famille de Paris dont était damoiselle Anne Ragot, femme de messire François du Buisson, sieur de la Lizondière sur Verneuil, et mère de Gédéon et Jacques du Buisson de la Lizondière, écuyers, maintenus nobles en 1668 par M. de Marle, intendant de la généralité d'Alençon. — La dite dame Anne Ragot, devenue veuve, est mentionnée en 1664 dans un contrat de vente d'une pièce de terre sise à Ambonay, lequel contrat fut lu au prône de cette paroisse le 22 novembre 1664 et se trouve actuellement déposé aux archives préfectorales de l'Eure. Sans armes connues.

NOTA. — Il existe une curieuse légende sur cette famille Ragot. Sous les règnes de François Ier et d'Henri II, vivait un sieur Ragot, chef ou roi des Gueux de Paris. Il fit, dit Dulaure, une brillante fortune et maria ses enfants avec des personnes distinguées par leur rang. (Voir Rabelais, d'Aubigné, l'Estoile; etc.)

### BRANCHE DU BUISSON DE COURSON-CRISTOT.

1° DE BOURGUEVILLE, SIEURS DE BRAS, ET DE BRUCOURT, anoblis au XVe siècle, issus de Richard de

Bourgueville, vivant à Caen en 1410. — Le 6 mars 1504 naquit de l'union de Jean de Bourgueville, écuyer, et de dame Marguerite de Cairon, CHARLES DE BOURGUEVILLE, ÉCUYER, SIEUR DE BRAS, devenu lieutenant général à Caen en 1568 après la mort d'Olivier de Brunville, auteur très renommé des « *Recherches et antiquitéz de la province de Neustrie,* » ouvrage imprimé à Caen en 1588.

Messire Charles de Bras avait épousé en secondes noces, en 1540, noble damoiselle Philippine du Buisson de Courson, qui le dédommagea amplement de la stérilité de son premier mariage en lui donnant sept fils et sept filles. Un seul fils, Guillaume de Bourgueville, sieur de Brucourt, survécut à tous les autres et fut tué à l'âge de vingt-deux ans à la bataille de Coutras, aux pieds du duc de Joyeuse, en laissant postérité. (Voir les notes de l'abbé de La Rue.)

Cette famille ne figure point dans l'Armorial de Chevillard ; mais d'après un armorial du XVIIe siècle (armes d'alliance), elle porte : *de sable, semé de bezants d'argent, au lion d'or lampassé et couronné de sinople, brochant sur le tout ;*

2° LE MARCHANT, SIEURS DE LAIZE ET D'OUTRE-LAIZE : famille de Haute et Basse-Normandie, ayant pour souche connue les Le Marchant ou Le Marchand de Caudebec, qui, aux XIIIe et XIVe siècle, étaient syndics-jurés de la fameuse corporation des chapeliers de Caudebec. — Barthélemy Le Marchant était chanoine de Notre-Dame de la Ronde à Rouen, en 1480. — Antoine Le Marchant, noble, était conseiller du roi en sa Cour du Parlement de Normandie, en 1542.

Une Le Marchant, dame de Laize, était la grand-mère maternelle de Pierre Ier du Buisson, sieur de Courson, et du conseiller au parlement Anne du Buisson, sieur de Laize.

Au contrat de mariage de Gillonne du Buisson, du 17 novembre 1605, furent présents nobles hommes Pierre Le Marchant, sieur du Rozel, conseiller du roi et trésorier général de France en la généralité de Caen ; Gaspard Le

Marchant, sieur d'Outre-Laize, conseiller du roi et avocat général en la Cour des Aides et Finances de Rouen ; Pierre Le Marchant, sieur de St-Maurice, conseiller secrétaire du roi, maison, couronne et finances de France, dits *cousins maternels* de la jeune fiancée.

Armes : *d'or, au léopard de gueules ;*

3° HUBERT DU MESNIL, SIEURS DE LA PLEIGNIÈRE, en Normandie (Marye du Buisson : 1597), dont messire Hubert de la Pleignière, lieutenant général des armées du roi et chevalier de ses ordres, sous Louis XV, portent : *d'azur, à trois grenades d'or ;*

4° DE MANNEVILLE DE MONMIREL (Catherine du Buisson : 1612) : généralité de Rouen, élection des Andelys, maintenus nobles en 1666. — Guillaume de Manneville fut chargé, avec le sénéchal de Normandie, de la garde de la ville du Mans, en 1118. — Guillaume et Philippe de Manneville furent reconnus nobles par Moñtfaut, lors de la recherche de 1463.

Armes : *d'argent, au lion grimpant de sable armé et lampassé de gueules, à la bande de même, brochant sur le tout ;*

5° DE BALLEROY-LA-COUR, SIEURS DE LA CARRIÈRE : famille noble de Basse-Normandie, élection de Bayeux. — Le domaine de Balleroy fut érigé en marquisat sous Louis XIII.

Le 24 mai 1614, noble homme François de Balleroy, sieur de la Carrière, fils de Hébert de Balleroy, écuyer, et de Colette Cauchard (Bretagne), fit traité de mariage avec noble damoiselle Marguerite du Buisson de Courson, fille de noble homme Claude du Buisson, sieur de Courson, et de Marie Le Sueur, dame de Laize. — Le mariage fut célébré par messire François de Balleroy, prêtre, curé de la Bazoque, frère de l'époux.

Armes : *d'azur, à trois cœurs d'or, posés 2 et 1 ;*

6° COUESPEL, sieur du mesnil-patry (Marie du Buisson de Christot : 1658) : dont messire Couespel, écuyer, sieur du Mesnil-Patry, seigneur des Bruyères dans l'élection de Valognes, maintenu noble en 1666.

Armes : *d'azur, à trois besants d'argent rangés en fasce, et deux têtes de lion lampassées, 1 en chef et 1 en pointe ;*

7° de LA RIVIÈRE : famille noble de laquelle était la grand'mère maternelle de messire Ange-Casimir du Buisson de Courson. — Jean de la Rivière, écuyer, sieur de Pouilly, donna quittance à Richard Toustain, receveur des finances du roi en la vicomté de Bayeux, le 15 février 1569.

Armes : *d'azur, au chevron d'argent et trois annelets de même, 2 en chef et 1 en pointe.*

8° de SARCILLY, sieurs de la renaudière : famille noble de Normandie de laquelle était noble damoiselle Charlotte de Sarcilly, épouse de messire Jean-Louis-Antoine du Buisson, chevalier de Courson. — N... de Sarcilly, écuyer, sieur d'Ernes en l'élection de Falaise, fut maintenu noble le 25 mai 1667. (Voir Chevillard.)

Armes : *Ecartelé : au premier et quatrième d'argent, à une moucheture de sable ; au deuxième et troisième aussi d'argent, à trois fasces de gueules et six merlettes de sable, posées 2 et 1 ;*

9° des ROTOURS, *olim* des rostors, barons de CHAULIEU, seigneurs, puis barons des Rotours, sieurs du Sacq, Pointel, Fumesson, Méguillaume, La Lande-Vaumont, seigneurs de Quatre-Puits, Fougy, Ste-Croix et autres lieux. — Cette maison, d'ancienne chevalerie, remonte aux Croisades et ses armes sont inscrites au Musée de Versailles. Elle a pour berceau une paroisse appelée Les Rotours, au diocèse de Seez, élection de Falaise, généralité d'Alençon. Ce fief fut aliéné le 3 novembre 1684 par François des Rotours, au profit du marquis de Vassy-la-Forêt.

Le premier seigneur des Rotours connu avec certitude est messire Guillaume des Rotours, *Wilhelmus des Rostors,* qui prit part à la troisième Croisade et qui figure comme témoin, ainsi que plusieurs autres, notamment un certain *Richard du Buisson,* dans une charte passée à Jaffa, au camp du roi Richard Cœur-de-Lion, en 1191. (Archives préfectorales de la Manche.) — La branche des seigneurs du Sacq, barons des Rotours et de Chaulieu, est sortie de François, deuxième du nom, des Rotours, seigneurs du Sacq et de Méguillaume, héritier de son père en 1511.

Louis-Jules-Auguste des Rotours, baron de Chaulieu *(branche aînée),* fils de Jacques-Augustin des Rotours, chevalier, baron de Chaulieu, né au château de Chaulieu le 9 avril 1781, capitaine dans l'armée royale de Normandie sous les ordres du comte de Frotté, eut un bras cassé devant Vire en 1799. Un décret impérial de juin 1811 lui conféra le titre de baron qu'avait porté son père. Auditeur au Conseil d'Etat en 1812 (7 mai), il fut chargé en 1813 de porter le portefeuille du Conseil d'Etat à l'Empereur en Allemagne. Sous-préfet de Cherbourg en 1815, préfet du Finistère le 19 juillet 1820, préfet de la Loire le 2 janvier 1823, mort au château de Chaulieu le 7 juillet 1852, il avait épousé à Vire en 1801 mademoiselle Antoinette du Buisson de Courson, fille aînée du chevalier Antoine de Courson. — De cette union sont sortis Raoul-Gabriel-Jules des Rotours, baron de Chaulieu, ancien représentant du peuple en 1849, et Hugues-Antoine des Rotours de Chaulieu, ancien inspecteur des Finances.

Gabriel-François des Rotours, frère du précédent *(branche cadette),* né au château de Chaulieu le 12 août 1782, conseiller de préfecture de la Manche le 26 septembre 1815, sous-préfet de Dreux (Eure-et-Loir) le 10 juin 1818, s'était marié le 18 août 1801 avec mademoiselle Joséphine du Buisson de Courson, sœur de la baronne de Chaulieu. — De ce mariage naquirent Léon des Rotours, propriétaire et maire de Bray-la-Campagne (Calvados), et

Alexandre-Antonin des Rotours, ancien officier de cavalerie, député au Corps législatif en 1863. — Robert-Eugène des Rotours, fils d'Antonin et de mademoiselle Plichon, ancien conseiller de préfecture à Lille, marié à mademoiselle Emma Van–den–Hecke, de Gand, sortie par sa mère de l'ancienne maison des Van–de–Worstine en Brabant, a été nommé, en février 1868, député au Corps législatif, à la place de son père décédé le 6 janvier précédent.

Armes de la maison des Rotours : *d'azur, à trois rotes* (rotœ) ou *besants d'argent ;*

10° CRESPIN DU NEUFBOURG, SIEURS DE ST-MARCOUF DU ROCHY près Isigny, écuyers. — Noblesse récente. — Des Lettres royales d'anoblissement délivrées à François Crespin, sieur du Neufbourg, trésorier de France à Caen, furent enregistrées en la Cour des Comptes, Aides et Finances de Normandie le 19 décembre 1780. — D'après ces lettres, leurs armes seraient *d'argent, à dix annelets de gueules,* 4, 3, 2 *et* 1 ; mais, sur un ancien cachet, elles sont indiquées *d'azur, à trois pommes de pin d'argent.*

Famille éteinte ;

11° D'AMOURS ; écuyers. — Ancienne maison de la généralité de Caen, alliée à presque toutes les familles nobles de Normandie, maintenus nobles par Chamillart en 1666. — Nicolas d'Amours était avocat du roi au Parlement de Rouen à la fin du XVIᵉ siècle et fut, avec d'autres, député vers Sa Majesté par le dit Parlement, en 1572, pour affaires importantes.

Une branche de cette famille, aujourd'hui éteinte, et représentée en l'an 1753 par messire Olivier d'Amours, possédait à Villiers-le-Sec droit de seigneurie et de patronage, droits qui passèrent par succession vers l'an 1765 ou 70 dans la maison de Patry.

Armes : *d'argent, à trois lacqs d'amour de sable.*

NOTA. — Lacqs d'amour (Laquei), nœuds emblématiques, tantôt en 8 couché tantôt en trèfle, que les damoiselles faisaient avec les cordelières ou ceintures du temps.

Les d'Amours sont les ancêtres maternels de la branche aînée des du Buisson de Courson actuels ;

12° DE PATRY. — Très ancienne maison de chevalerie, originaire du baillage de Caen, en Normandie, sires de Bernières-le-Patry, du Mesnil-Patry, Grandchamp, Banville, Marc-d'Auge, Culay-le-Patry, et autres lieux. — Une branche de cette famille s'établit à la fin du XIVᵉ ou au commencement du XVᵉ siècle en Anjou et en Languedoc, où elle était connue sous le nom de Patry-Calay, Calain ou Calouin. (Voir la Chesnaye-des-Bois.) Cette branche jouit d'une illustration plus grande que son aînée de Normandie.

D'après d'Eudemarre, un Patry aurait figuré à la conquête d'Angleterre, en 1066. D'après du Moulin, Raoulin Patry aurait été croisé en 1096 avec Godefroy de Bouillon et il aurait porté sur ses armes, à Jérusalem, *un chevron de grains de pater noster d'or*. Nous trouvons ensuite Guillaume Iᵉʳ Patry, vivant en 1103, d'après le manuscrit de Piganiol de la Force ; Guillaume II Patry, mentionné dans l'histoire de Mathieu Paris sous les années 1168 et 1174 ; Guillaume III, chevalier de Patry, l'une des illustrations de sa famille, qui servit pendant quarante jours, vers le milieu du XIIIᵉ siècle, au ban et arrière-ban de la baillie de Cotentin, avec *Jean de Villiers* et Hugues de Bezu, chevaliers, au lieu et place de Jean de Harcourt. Il fut du nombre des chevaliers qui accompagnèrent le roi St-Louis à Tunis ; VIIᵉ croisade. — Son fils puîné Guillaume IV accompagna Geoffroy de Harcourt, amiral de France, dans son voyage en mer en 1308, et le petit-neveu de ce dernier, Thomas Patry, chevalier, seigneur de Gray, suivit le roi Charles VI dans les guerres de Flandre, en 1382. — Simon Patry était vicomte d'Evreux, l'an 1509.

Un Patry, sieur de Lambert, fut maintenu dans sa noblesse par l'intendant de Caen Chamillart, en 1666. (Voir La Chesnaye-des-Bois.)

Toutes les branches ont conservé leurs armes primiti-ves, *de gueules à trois quintefeuilles d'argent*. Les

Patry d'Anjou y joignaient pour devise : *gloria, virtus, honor Patry* : pour cimier, *un dextrochère d'argent armé d'un sabre de gueules,* et pour supports, *deux sauvages, l'un ayant la massue levée et l'autre posée à terre.* — La branche de Normandie porte simplement *de gueules, à trois quintefeuilles d'argent, l'écu graineté d'or* ou plutôt *fleuronné.* — De cette branche on ne connaît plus aujourd'hui que LÉON DE PATRY, sans postérité, demeurant à Bayeux, VIRGINIE DE PATRY, sa sœur, et ADÉLAÏDE-ANTOINETTE DE PATRY, leur cousine. — Cette dernière descend des Patry de Villiers-le-Sec, qui ont succédé aux d'Amours comme seigneurs de cette paroisse et auxquels se sont alliés messire Jacques-François d'Auge de Bazenville (voir l'article ci-après), et messire N... de Malherbe, issu des Malherbe, écuyers, sieurs du Bois-St-André en l'élection de Bayeux, maintenus nobles par Chamillart en 1666, et qui portent : *de gueules, à six coquilles d'or, au chef d'or chargé d'un lion de gueules.*

La maison du Buisson de Courson est alliée à la famille de Patry par le mariage qui a été contracté en 1804 entre mademoiselle Marie-Henriette du Buisson de Courson et monsieur de Patry de Hérils, et en outre la branche aînée des Courson actuels descend en ligne maternelle du chevalier Louis-Yves de Patry, qui eut l'honneur de donner l'hospitalité, en son château de Villiers-le-Sec, à messire de Franquetot, duc de Coigny, commandant en chef du camp de Vaussieu, sous Louis XVI ;

13° D'AUGE, vieux nobles, écuyers, anciens sires et vicomtes du pays d'Auge, originaires de l'élection de Pont-l'Evêque en la généralité de Rouen, sieurs de Brumare, Soquence, Benneval, St-Pierre-Azif, Branville, etc., maintenus nobles le 25 janvier 1668.

En l'an 1637, Guillaume d'Auge, écuyer, sieur de Branville, fils de François d'Auge, écuyer, sieur de Coursy, épousa Marie Hélie, fille aînée de Pierre Hélie, écuyer, sieur de Garcelles, et de Marie Regnaud, dame et patronne de BAZENVILLE. Après la mort de sa belle-mère, il vint

**12**

habiter cette paroisse dont il était devenu seigneur patron du chef de sa femme, et il fut inhumé dans l'église du lieu le 19 septembre 1677. — Ses descendants directs ont, jusqu'à la Révolution, résidé habituellement dans cette terre, qui a perdu beaucoup de son importance primitive. Puis, au commencement de ce siècle, le 21 septembre 1812, la dite terre a passé par mariage dans la maison du Merle en la personne de demoiselle Victoire-Louise d'Auge, unique héritière, dont la mère était une Patry (Marguerite-Victoire, fille du chevalier Louis-Yves de Patry de Villiers-le-Sec) ; enfin, en 1854 et toujours par alliance, dans la maison du Buisson de Courson-Cristot, qui la possède encore aujourd'hui (1868).

Armes des d'Auge : *d'argent, semé de billettes de gueules, au lion grimpant de gueules, brochant sur le tout.* — Supports : *deux sirènes ;*

14° DE PARFOURRU : Parfourru ou Parfouru en Basse-Normandie, terre et seigneurie qui dépendait de la haute justice de Thorigny pour les cas ordinaires et du baillage de Bayeux pour les cas royaux. Elle a donné son nom à l'ancienne famille de Parfourru, qui se prétend par tradition issue d'un prince de France, dire qui s'appuie sur ses armes, qui sont *d'azur, à la haute fleur de lis d'or.* La maison forte qu'elle possédait à Parfourru, *fermée de mottes et de pont-levis,* fut prise et ruinée par les Anglais sous le règne des Valois ; elle perdit alors presque tous ses biens, titres et chartes.

Jean de Parfourru, seigneur du dit lieu, du Mesnil-Ligard et de Couvains, vivait en 1394 et avait épousé Jeanne de Pierrefite, de laquelle il eut cinq enfants, qui tous firent preuve de noblesse devant Raymond de Montfaut, en 1463. — Amaury de Parfourru, seigneur d'Athy, marié en 1519 avec Jeanne Larcher, fonda en 1520, de concert avec elle, un *obit* dans l'église St-Jean de Caen et rendit aveu de la terre d'Athy, en 1523. (Voir La Roque, Chevillard, La Chesnaye-des-Bois.)

Les Parfourru sont les ancêtres maternels de la branche aînée des du Buisson de Courson ;

15° LÉVY D'ALBIGNAC : famille de Rouergue, Languedoc et Guyenne. — Anciens nobles, COMTES D'ALBIGNAC. — Une branche de cette famille s'établit vers le milieu du XVIIIᵉ siècle dans l'élection de Bayeux. Les d'Albignac de Bayeux sont les ancêtres maternels de la branche cadette des du Buisson de Courson, en la personne de Pierre Lévy, comte d'Albignac, lieutenant général du roi.

Armes : *d'azur, à trois pommes de pin d'or, posées 2 en chef et 1 en pointe ;*

16° DE VILLIERS, seigneurs de HESLOUP, de la Bunache, sieurs du Rosay et autres lieux, noblesse ancienne de Basse-Normandie.

On trouve vers 1250 un certain Jean de Villiers, chevalier, compagnon d'armes, en la baillie du Cotentin, de Guillaume III, chevalier de Patry. Messire Pierre de Villiers, capitaine d'une compagnie de gens d'armes en 1353, était en 1362, MAITRE D'HÔTEL DE MONSEIGNEUR CHARLES, PRINCE ROYAL, DUC DE NORMANDIE, DAUPHIN DE VIENNOIS (depuis Charles V). — Il eut pour fils Jean de Villiers, sieur de Colonces, écuyer, auquel Charles V accorda, par Lettres patentes de 1372, bénéfice d'âge, en raison de sa minorité, pour jouir de sa terre de Colonces, baillie de Caen. (Extrait de deux titres sur parchemin de l'ancien collége héraldique de France, l'un du 7 septembre 1362, l'autre de 1372.)

Il existe une généalogie des Villiers actuels établis en la généralité d'Alençon, généalogie qui compte treize degrés en remontant sans interruption jusqu'à Jean de Villiers, dit Brunet, écuyer, capitaine des archers de René de Valois, comte du Perche, puis duc d'Alençon en 1474. — Ce Jean de Villiers avait épousé en secondes noces, le 20 mars 1474, noble damoiselle Jeanne de la Bunache.

Les de Villiers de Hesloup se sont distingués presque tous par l'éclat de leurs alliances et un certain nombre ont suivi la carrière des armes. — On peut citer notamment René II de Villiers, qui épousa, le 29 janvier 1726, très noble damoiselle Marie-Marguerite des Moulins de l'Isle, fille de François des Moulins, marquis de l'Isle, baron de Hertray, gouverneur de Lille en Flandre et lieutenant général du roi. — Charles-Philippe de Villiers était en 1760 capitaine au régiment de Beaujolais, et son fils était en 1785 officier au même régiment. — Cette famille de Villiers, qu'il ne faut pas confondre avec les Villiers, ducs de Buckingham, dont les armes sont très différentes, compte aujourd'hui trois représentants mâles dont l'aîné, RENÉ-PAUL DE VILLIERS, a épousé, le 12 février 1867, mademoiselle MARIE-BERTHE DU BUISSON DE COURSON (branche aînée).

Les de Villiers, maintenus en 1666 par l'intendant d'Alençon, M. de Marle, porteraient, d'après l'Armorial de Chevillard, *d'hermine, aux deux lances de gueules futées de sable, en sautoir.* D'après d'anciens écussons de famille, leurs armes seraient *d'argent, aux neuf croix recroisettées de sable, aux deux lances de gueules en chevron.* (Armes analogues.)

# TROISIÈME PARTIE

---

# DOCUMENTS HISTORIQUES

## § 1er — EXTRAITS

### Des bibliothèques, archives et manuscrits publics.

---

### Nº 1 (1191)

Extrait d'une vieille charte en latin, déposée aux archives préfectorales de la Manche. Cette charte passée en l'an 1191, au camp du roi Richard Cœur-de-Lion, devant St-Jean d'Acre en Palestine, avait pour but la reconnaissance d'une dette d'argent contractée par un chevalier croisé envers deux Vénitiens.

Au bas est écrit :

« Actum apud Joppe, in exercitu domini Regis, præsentibus et
« audientibus RICARDO DE DUMO (RICHARD DU BUISSON), Sampsone
« Heremitâ (Samson l'Hermite), Wilhelmo des Rostors (Guillaume
« des Rotours), Guario Bosq (Guérin du Bosq), Nicolao de Cur-
« melis (Nicolas de Cormeilles), qui et mecum præsentem paginam
« sigillo suo ad majorem certitudinem sigillârunt. »

**N° 2** (1200—1483)

Extrait d'une pièce ancienne faisant partie d'une liasse héraldique insérée dans le manuscrit coté Y, 120, RECHERCHES DE NORMANDIE, fond de la bibliothèque de Rouen.

« PREUVES DE 1500.

### « DU BUISSON.

« ÉLECTION DE CAEN.

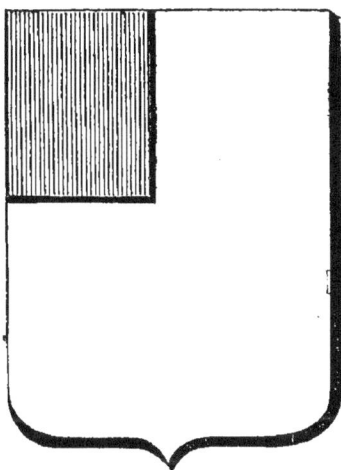

« D'argent, au franc quartier
« de gueules.

« Robert I^er, dict du Buisson, escuïer, espousa N.....
« Robert II, vivant 1225 ≡ Marguerite des Champs.
« Jéhan I^er.......... ≡ Anne Thorel.

| « Messire Thomas du Buisson, | « Jéhan du Buisson, escuïer : |
| « escuïer, advocat en l'Echiquier : | ≡ « Marie Mustel. |
| ≡ « Marguerite des Portes. | |
| « De cujus ≡ 1361. | |

« Robert III du Buisson, escuïer :
≡ « Charlotte de Gouy.

« Nicolas du Buisson, escuïer :
≡ « Perrette Marescot :

« Charles du Buisson, escuïer :
≡ « Roberde Onfroy.

|

« Jéhan III du Buisson, escuïer :
≡ « Charlotte de Vauquelin.

|

« Jacques du Buisson, en 1483 : | « Jéhan du Buisson.
≡ « Louise des Essarts :
« Sans postérité. »

### N° 3 (MARS 1326)

Lettres en latin de Guillaume de Durfort, archevêque de
Rouen, par lesquelles il commet Jean du Buisson (*de
Dumo*) et Guillaume de Ry, chanoines, pour procéder, à
la suite d'une protestation, à une enquête au sujet d'une
chapelle à St-Eloi de Rouen. (Archives préfectorales de la
Seine-Inférieure.) — Extrait.

« Guilhelmus, miseratione divinâ Rothomagensis archiepiscopus,
« venerabilibus et discretis viris JOHANNI DE DUMO et Guilhelmo de
« Rivo, nostræ Rothomagensis aulæ canonicis, salutem in Domino.
« Etc., etc. . . . . . . . . . . . . . . . . . . . . . . . .
« . . . . . . . . . . . . . . . . . . . . . . . . . . . . »

Final : « Datum in castro nostro de Gaillone, die martis post
« festum nativitatis Domini, anno millesimo GCC vicesimo sexto. »

### N° 4 (1361—1885)

Tombes du prieuré de St-Lô de Rouen. — Sépultures
marquantes citées dans Dom Farin, prieur de Veules,
histoire de Rouen, VIe partie, page 15 :

« Dans le chœur du prieuré de St-Lô, sépultures principales,
« on lit :
« Cy-gist messire THOMAS DU BUISSON, escuïer, docteur en droict
« et advocat en la court de l'Eschiquier de Rouen, qui décéda l'an
« mil trois cent soixante et ung, et avec luy gist JÉHAN DU BUISSON,
« escuïer, son frère, qui décéda en l'an mil trois cent quatre-vingt-
« cinq. »

Revue des Nobles de Caux en 1470, reproduite dans le traité d'Arrière-ban du sieur de La Roque :

« MONSTRE des nobles et tenants noblement ès baillages
« de Caulx et Gisors, reçue par monsieur ANTHOINE D'AUBUSSON,
« chevalier, seigneur de Montheil, conseiller et chamberlan du roy,
« nostre syre, et son grand bailly de Caulx, le lundy, derrain
« (dernier) jour de décembre, l'an de grâce M. CCCC soixante-dix.

         « LE COMTÉ D'AUMALE,
      « EN LA VICOMTÉ DE NEUFCHASTEL :

« CRUE : — Au lieu de Pierre Le Vasseur, à présent deffunct, se
« présenta JÉHAN DU BUISSON, armé de jacque, une sallade, pour ce
« ung coustillier. »

NOTA. — JACQUE : haubert de mailles. — SALLADE ou
CÉLADA, demi casque d'acier. — COUSTILLIER, homme noble
armé de la coustille ou long coustel, l'un des cinq de la
lance fournie d'un chevalier bachelier.

Armorial manuscrit de Thouroude de la Haule d'Aptot,
secrétaire du roy. (XVIIe siècle.) Bibliothèque de Rouen.

« BAILLAGE ET VICOMTÉ DE CAEN :
« ARREST DE LA COUR DES AYDES DE NORMANDIE :

« NICOLAS LICQUART, sieur DU BUISSON, inquiété par les parois-
« siens du Buisson, obtint arrest, le septième d'octobre mil quatre
« cent quatre-vingt-ung, par lequel il fut dict qu'il éstait *iné et*
« *extrait de antienne ligne* à cause de ses possessions, et oultre,
« qu'il estait tenant du fief du Buisson, lors des francz-fiefz : —
« Partant, qu'il sera MAINTENU et rayé du Roole, avec despenz. »

Même Armorial de Thouroude d'Aptot.

         « VICOMTÉ DE CAUDEBEC.
      « ARREST DE LA COUR DES AYDES DE NORMANDIE.

« JEAN DU BUISSON, appelant des Esleuz de Caudebec, inquiété
« par les paroissiens de Neufville, obtint arrest contre eux et le

« procureur général le dix-huict febvrier mil cinq cent dix-sept :
« — Par le quel il fut dict avoir *prins père en ligne de noblesse,*
« après avoir justifié qu'il estait fils de JEAN, anobly lors des francz-
« fiefz : — Partant qu'il sera MAINTENU. »

### N° 8 (14 NOVEMBRE 1552)

Procès-verbal, dressé par Pierre du Buisson, écuyer, licencié ès-lois, conseiller aux hauts jours du temporel et aumônes de monseigneur le cardinal de Vendôme, archeque de Rouen, des usurpations et entreprises faites sur le domaine archiépiscopal aux bords de la forêt de Croixdalle et d'Alihermont. (Archives préfectorales de la Seine-Inférieure.) Extrait.

« A tous ceulx qui ces présentes lettres verront ou orront, PIERRE
« DU BUISSON, ESCUÏER, licentié ès-loix, conseiller en hauts jors du
« temporel et aumoynes de monseigneur révérendissime et illus-
« trissime cardinal de Vendosme, archevesque de Rouen, commis-
« saire du roy et du dict sieur en ceste partye, etc. — Comme sui-
« vant certaine commission émanée de mon dict sieur cardinal de
« Vendosme, le dernier décembre MDL, etc., etc. »

L'acte, daté du 14 novembre 1552, ne fournit aucun renseignement personnel à ce Pierre du Buisson.

### N° 9 [1595—1628]

Extrait d'un manuscrit de la bibliothèque publique de Rouen, contenant la désignation successive des conseillers au Parlement et intitulé :

« LISTE GÉNÉRALE DE MESSIEURS DU PARLEMENT DE NORMANDIE,
  « DEPUIS L'INSTITUTION FAITE PAR LE ROY LOUIS XII AU MOIS
  « D'AVRIL 1499.

#### « CONSEILLERS :

« 29 mai 1595. — Messire ANNE DU BUISSON, clerc, au lieu de
« messire Mychel de Mouchy ;
« Fut inhumé à Nostre-Dame de Rouen le 21 septembre 1628 ;

13

« Estait grand-vicaire de monseigneur l'archevesque.

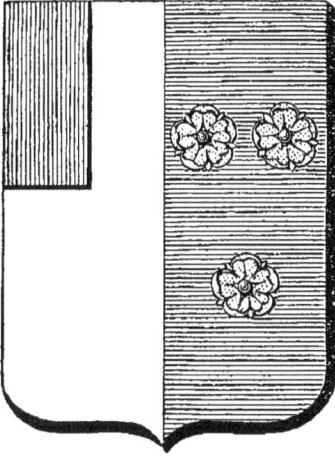

« Party : d'argent, au canton de
« gueules; d'azur, à trois roses d'or.

**N° 10** [12 NOVEMBRE 1616]

Archives préfectorales de Caen.

Registre de réception des licenciés de la Faculté de droit canon et civil de l'Université de Caen, commençant le 13 mars 1613 et finissant le 6 mai 1637.

« Du 12 novembre M. six cent seize :

« NOBILIS adolescens CLAUDIUS BUISSONIUS, ex parrochiâ Sancti « Petri urbis Cadomensis, diocesis Bajocensis, respundit de l. v. « de part, coram doctis dominis Guernonio rectore, Itano Bucherio « (Le Boucher) et Rutano. »

En marge est écrit :

« Gratis, in favorem de DU BUISSON, consiliarii regis in curiâ « Rotomagensi. »

**N° 11** [1651]

Archives de l'Empire.

Divers titres concernant Jacques du Buisson, écuyer, conseiller en la cour des monnayes de Paris en 1651.

Ces titres seraient trop longs à copier.

**N° 12** [15 JANVIER 1668]

Extrait d'un manuscrit in-folio provenant de l'abbaye de Fécamp et de M° Hervé Boissel, prieur de St-Ouen, manuscrit déposé à la bibliothèque de Rouen.

« RECHERCHE DE LA NOBLESSE DE LA GÉNÉRALITÉ D'ALENÇON, faite « par M. de Marle, intendant et conseiller du roy. — 1668.

Page 207. — N° 4.

« DU BUISSON.

« Gédéon du Buisson, sieur de la Lizondière ; Jacques, son « frère. — Paroisse de St-Anthoine de Sommaire, élection de « Verneuil.

« ANCIEN NOBLE.

« Maintenu le quinze janvier 1668. — Porte : de sable, à trois « roses quintefeuilles d'or. »

**N° 13** [1681]

Archives de la préfecture de Rouen.

Aveu du fief du Bizet (Le Bizey), rendu en 1681 par Pierre du Buisson, escuyer, sieur du Bizet.

(Pierre, deuxième du nom, du Buisson de Cristot-Courson.)

## § 2. — EXTRAITS

**De quelques-uns des titres, chartes, contrats, etc., composant le cartulaire de MM. de Courson.**

**N° 1** (1470—1600)

Ancien titre généalogique écrit en l'an 1600, enregistré à Rouen le 7 août 1866, dont la teneur suit :

« ÉLECTION D'ARQUES.

« PREUVES DE NOBLESSE ET D'ARMOIRIES
« faictes en l'an 1600 par les sieurs DU BUISSON, escuyers, seigneurs
« et patrons d'IQUELON sur Arques.

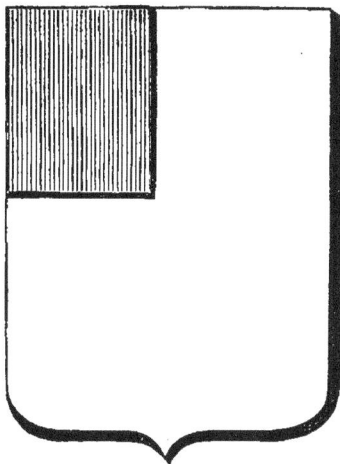

× L'escu du Buisson est d'argent, au
« canton de gueules;
« Cimier et tenantz : lévriers d'ar-
« gent, accolés de gueules.

« JEAN DU BUISSON, ESCUYER, espousa DAMOISELLE ESTIENNETTE
« DE FAVILLY, fille de Jean de Favilly, escuyer, et de Marie Landry,
« fille de Joubert Landry, escuyer, seigneur d'Iquelon.

« 1° ROBERT DU BUISSON, es-
« cuyer, seigneur d'Iquelon,
« espousa Marguerite Malderée.

« 2° Nicolle du Buisson,
« prestre, curé de Cany.
« 3° Jacques du Buisson,
« prestre, curé de Riville.
« 4° Jean du Buisson, escuyer.
« 5° Louyse du Buisson.

« 1° GUILLAUME DU BUISSON,
« escuyer, seigneur d'Iquelon,
« espousa Jeanne de Panneblen,
« fille de Joachin de Panneblen,
« escuyer, et de Jeanne de
« Mouchy.

« 2° Jacques du Buisson,
« prestre, curé du Mesnil-David.
« 3° Noël du Buisson, escu-
« yer.

« 1º FRANÇOIS DU BUISSON, « escuyer, seigneur d'Yquelon, « espousa Claude de Thillières.

« 2º Charlotte du Buisson, « espousa Germain d'Anneval, « escuyer, sieur de St-Merry.
« 3º Catherine du Buisson, « espousa Jean de Livet, escu-« yer, seigneur de Borneville.

« 1º GUILLAUME DU BUISSON, « second du nom, seigneur d'I-« quelon.

« 2º Charlotte du Buisson.

« Maistre THOMAS DU BUISSON, docteur en droit et advocat en la « court du Parlement de Rouen (Echiquier), décéda en l'an 1371 « (1361) et gist en l'église du prieuré de St-Lô de Rouen.
« Debvant luy est inhumé JEAN DU BUISSON, escuyer, son frère. »

### Nº 2 (6 OCTOBRE 1493)

Extraits de deux actes notariés contenant les lots et partages de la succession de Jean du Buisson, seigneur d'Iquelon, entre les quatre fils qu'il avait eu de sa femme Etiennette de Favilly. Ces lots furent faits du vivant de messire Jean, avec réserve d'usufruit à son profit. Le premier lot (fief seigneurial d'Iquelon) fut choisi par Robert du Buisson, l'aîné, et le quatrième lot (domaine du Grand-val) échut à Jean du Buisson, son frère puîné. Ce dernier est la souche des du Buisson de Courson actuels.

« A TOUS CEULX QUI CES PRÉSENTES LETTRES VERRONT OU ORRONT, « JÉHAN DE FRÉVILLE, garde du scel des obligations de la vicomté « de Pontautou et Pontaudemer, SALUT. — SCAVOIR FAISONS que « par devant Jéhan Harel et Jéhan Le Barbier, tabellions jurés de « la dicte vicomté au siége de Bournonville pour le roy, nostre « syre, furent présents ROBERT DU BUISSON, ESCUYER, MAISTRE « NICOLLE DU BUISSON, prestre, curé de Cany, MAISTRE JACQUES DU « BUISSON, prestre, curé de Riville, et JÉHAN DU BUISSON, ESCUYER, « tous enfants de JEHAN DU BUISSON, ESCUYER, SEIGNEUR D'ICQUELON, « et de deffuncte damoiselle ESTIENNETTE DU FAVERIL (de Favilly), « sa femme, en son vivant DAME D'ICQUELON, etc., etc. . . . . . « . . . . . . . . . . . . . . . . . . . . . . . . . »

« QUI AURA LE PREMIER LOT, il aura toutes les rentes, dueus et « devoirs seigneuriaulx du dit fief, terre et seigneurie d'ICQUELON et

« si aura les bois et pastures de BATECTOT, assis ès paroisses de
« Manneville, Arneville, Batectot, etc., etc. . . . . . . . . . .
« . . . . . . . . . . . . . . . . . . . . . . . . . . .

« QUI AURA LE QUART LOT (quatrième), il aura les fief, terre et
« seigneurie du Grandval, assis en la paroisse de Triqueville, avec
« toutes ses appartenances et dépendances, sans rien retenir ni
« excepter, etc., etc. . . . . . . . . . . . . . . . . . . .
« . . . . . . . . . . . . . . . . . . . . . . . . . . .

« EN TÉMOING DE CE, NOUS, à la requeste des dits tabellions, avons
« mis à ces lettres le scel des obligations. — Ce fut faict et passé le
« sixième jour d'octobre, l'an de grâce mil CCCC quatre-vingt-
« treize. — Présents : Guillaume Orenge et Philippe de Costentin,
« témoings. »

Signé : *Harel*. — *Le Barbier ;* avec chacun un paraphe.

### N° 3 (20 SEPTEMBRE 1522)

« A TOUS CEULX QUI CES PRÉSENTES LETTRES VERRONT OU ORRONT,
« SALUT. — Le garde du scel de la vicomté de Félise (Falaise) fait
« scavoir que par debvant Mᵉ Pierre Foucher, tabellion pour le
« roy au siége de Thury, fut présent en sa personne Thibault
« Renouf, tant pour lui que pour ses hoirs, etc., etc. »

Rente fieffée au profit de NOBLE HOMME JEAN DU BUISSON,
ESCUÏER, SIEUR DE CORSON (Jean V).

« Passé le ving-yesme jour du moys de septembre, l'an de
« grâce m. 500 vingt-deulx. »

Signé : *Fournier*. — Curieux paraphe.

### N° 4 (17 AVRIL 1553)

« DEVANT CHARLES LE FOURNIER, escuyer, lieutenant général de
« M. le vicomte de Caen, le lundy 17ᵐᵉ april, après Pasques, l'an
« m. 5 cents cinquante-trois :
« NOBLES HOMMES messire Robert Le Maistre, sieur d'Echauffou,
« enquesteur en cette ville, Jean et Jean Le Maistre, frères, filz
« et hérittiers de deffunct Robert Le Maistre, en son vivant escuyer,
« et messire CLAUDE DU BUISSON, licentié-ez-droictz, etc. . . . .
« . . . . . . . . . . . . . . . . . . . . . . . . . »

Reconnaissance devant le vicomte de Caen :

« D'ung traicté de mariage du 23 août 1551, entre MESSIRE
« CLAUDE DU BUISSON, ESCUÏER, licentié en la Faculté des

« droictz, advocat à Caen, filz et hérittier de deffuncte SCIEN-
« TIFFYQUE PERSONNE MESSIRE JEHAN DU BUISSON, en son vivant,
« ESCUÏER, et docteur régent en la Faculté de Caen, et DAMOYSELLE
« CATHERINE LE MAISTRE, fille de noble homme Robert Le Maistre,
« etc. . . . . . . . . . . . . . . . . . . . . . . .

« . . . . . . . . . . . . . . . . . . . . . . . . .
« Par faict dict et accompli en fasce de Saincte Eglize, a esté
« donné, etc..., et par le dict sieur Le Maistre, pour don hérédital
« à la d. damoyselle, la sôme et nombre de X livres tournoiz de
« rente acquittable par cent livres, etc., etc.... et lorz du mariage
« consommé, pour don mobil, la somme de 500 l. etc.

« En oultre, la vesture, selon la qualité de la dicte fille; — du
« nombre de laquelle somme de 500 l. N. H. Robert Le Maistre,
« sieur d'Eschauffou, enquesteur pour le roy au dict Caen, a pro-
« mis payer partie. . . . . . . . . . . . . . . . . . .

« . . . . . . . . . . . . . . . . . . . . . . . . .
« Le dict sieur du Buisson a promis prendre à femme et espouse
« la dicte damoyselle Le Maistre et la *douairer*, selon droict et
« coustume . . . . . . . . . . . . . . . . . . . . .

« . . . . . . . . . . . . . . . . . . . . . . . . .
« Présentz : noble homme Jean de La Valette, seigneur de
« Tresmont, H. H. (honorable homme) François Roger, sieur de
« Lyon (Lion-sur-Mer), Jean Le Maistre, escuïer, le jeune,
« messire Jean de Bailleul, escuïer, advocat au dict Caen, frère *en*
« *lay* de la dicte damoyselle. »

Expédition signée *Maheult*.

Nº 8 (10 JANVIER 1553)

Quittance de Marin du Buisson, ainsi conçue :

« NOUS, MARIN DU BUISSON, COMMISSAIRE EXTRAORDINAIRE DES
« GUERRES, confessons avoir eu et reçeu de maistre Raoul Moreau,
« conseiller du roy, et thrésorier de l'extraordinaire de ses guerres,
« la somme de quarante livres tournoiz, à nous ordonnée par le roy,
« nostre syre, pour nostre taxation d'avoir faict partie des monstres
« et revues des gens de guerre, après estant en service ez villes de
« Metz et Marsault (Marsal) pendant le mois de décembre déjà
« passé, etc.

« En témoing de ce, nous avons signé la présente de nostre main
« et faict sceller du scel de *nos armes:*

« A Metz, le dixième jour de janvier, l'an mil cinq cent cin-
« quante-trois. »

Signé : « *M. du Buisson.* »

Le sceau est malheureusement brisé.

Attestation en latin émanée de la Faculté de médecine de
Caen et dont la teneur suit :

« UNIVERSIS PRÆSENTES LITTERAS INSPECTURIS, NOS decanus et
« doctores medicinæ celeberrimæ Universitatis Cadomensis testa-
« mur, in cartâ ejusde Facultatis et archivo illius Facultatis de-
« promptâ scriptum esse, quod VIR NOBILIS MAGISTER JOANNES DU
« BUISSON, DOMINUS DE CORSONIO, post adeptos baccalaureatûs et
« licentiæ gradus in dictâ Facultate, ut moris est, doctoris insignia
« consecutus est die decima aprilis ante Pasca, anno Domini mille-
« simo quingentesimo vigesimo secundo, ad exercendum publicæ
« professionis et regentiæ, ut dicitur, munus admissus, et quod
« obiit anno Domini millesimo quingentesimo trigesimo primo, die
« festi sancti Lucæ, decimo octavo mensis octobris, ut fusius scrip-
« tum est in dicto martyrologio. — Ex quâ desumi scribique petiit
« NOBILIS MAGISTER CLAUDIUS DU BUISSON, jurius utriusque doctor
« priorque Facultatis jurium, DOMINUS DE COURSON, ejus filius, ut
« cuique antiquiori civi cadomensi notum est.
« Actum et datum Cadomi, die vigesimâ quartâ martis, anno
« Domini millesimo quingentesimo octogesimo tertio. »

Suivent cinq signatures, dont une seule lisible (de Cahai-
gnes), et un sceau brisé sur queue de parchemin.

Brevet, sur parchemin, de Contrôleur ordinaire de sa
maison, concédé par très haut et très puissant seigneur
Monseigneur le cardinal de Bourbon, archevêque de Rouen,
primat de Normandie. (Charles de Bourbon-Vendôme,
premier prince du sang royal, Charles X de la Ligue.) —
Pièce fort curieuse du XVIᵉ siècle, avec signature autographe, dont la teneur suit :

« CHARLES, CARDINAL DE BOURBON, ARCHEVESQUE DE ROUEN,
« PRIMAT DE NORMANDIE, à tous ceulx qui ces présentes Lettres
« verront ou orront, SALUT. — SCAVOIR FAISONS que, pour l'entière
« confiance que nous avons en la personne de MESSIRE PIERRE DU
« BUISSON (sieur de Courson, fils aîné de messire Claude), et en
« sa suffisante prud'homie, expédition et diligence, Iceluy pour ces

« causes et aultres à ce nous mouvant, avons retenu et retenons en
« l'estat de CONTROLLEUR ORDINAIRE DE NOSTRE MAISON, pour en
« iceluy estat dorénavant nous servir, tenir et exercer et en jouir
« et user, aux honneurs, auctorités, prérogatives, franchises,
« libertés, droicts, prouffits, revenus et émoluments et aux gaiges
« de deulx cents livres tournoiz pareils que ont les aultres control-
« leurs ordinaires en nostre maison, et aultre estat appartenant et
« à continuer tant qu'il nous plaira. — SY DONNONS EN MANDEMENT
« au premier de nos amés et féaux maistres d'hostel ordinaires sur
« ce requis que, prins et reçeu du dict Buisson le serment en tel
« cas requis, Icelluy reçoive, mette et institue en l'exercice et pos-
« session du dict estat de Controlleur ordinaire de nostre maison et
« d'icelluy ensemble des dicts honoraires, auctorités, etc., etc.
    « CAR TEL EST NOSTRE PLAISIR.
    « Donné à Gaillon le vingt-troisième jour d'aoust mil cinq cent
« quatre-vingt-quatre.

                        Signé : C. *Cardinal de Bourbon.*

        « Par Monseigneur :

            Signé : LE MERCIER ; avec un paraphe.

Suit un sceau brisé sur queue de parchemin, probablement aux armes de France, puis plus bas est écrite la
mention suivante :

« Le d. sieur DU BUISSON a fait et presté le serment du dict office
« de Controlleur ez mains de M. de Catheville, maistre d'hostel de
« monseigneur, en la présence du sieur de Framboisier, Controlleur
« ordinaire et de divers officiers. — Le bureau tenant, le huitième
« jour de septembre mil cinq cent quatre-vingtz-quatre. — Signé :
« *Denis.* »

Nº 8 (2 SEPTEMBRE 1592)

Extrait du traité de mariage de messire Pierre du Buisson, sieur de Courson, avec damoiselle Elisabeth Baudouyn :

Pages 1, 2 et 3. — « PAR DEVANT..... CORNU, notaire royal en
« la ville, baillage et siége présidial de Chartres, furent présents en
« leurs personnes NOBLE HOMME PIERRE DU BUISSON, SIEUR DE
« COURSON, Controlleur ordinaire de la maison de monseigneur le
« cardinal de Bourbon, demeurant à Caen, estant à présent en cette
« ville de Chartres, d'une part ; et HONORABLE FILLE ÉLISABETH

14

« BAUDOUYN, fille d'honorable homme Jean Baudouyn, varlet de
« chambre du roy, et de deffuncte honorable femme Nicolle Godeau,
« estant à présent au dict Chartres, d'autre part ;

    « Les quelles parties, de l'advis, bon voulloir et consentement,
« le sieur du Buisson, de noble homme monsieur maistre Philippe
« de Vérigny, sieur de Canneville, conseiller du roy en son Grand
« Conseil, et de noble homme maistre Louys Hubault, trésorier de
« la maison de monseigneur le cardinal de Bourbon, et la dicte
« Elisabeth, du dict Jehan Baudouyn, son père, aussy présent, qui
« a auctorisé et auctorise icelle Elisabeth, sa fille, pour faire et passer
« les accords et conventyons de mariage, qui en suivent; et encor,
« de l'advis et consentement de noble homme maistre François Jolly,
« advocat au Grand Conseil du roy, et honorable homme maistre
« Nicollas Porriquet, procureur au dict Grand Conseil, honorable
« homme Mathurin Ferré, orfebvre du roy, amis du dict Baudouyn,
« convinrent et confessèrent avoir volontairement faict et font entre
« eulx de bonne foy les accords et traicté de mariage, dont douai-
« res, conventions, promesses et obligations qui en suyvent, pour
« raison du mariage, lequel, moyennant la grâce de Dieu, sera
« accomply entre le dict du Buisson et la dicte Elisabeth Baudouyn,
« ainsi qu'il en suit : C'est à scavoir que le dict Baudouyn, père de
« la dicte future espouze, promet donner et bailler la dicte Elisa-
« beth Baudouyn, sa fille, à ce présente et acceptant, par nom et
« loy de mariage, au dict du Buisson aussi ce acceptant et qui pro-
« met prendre la dicte Baudouyn pour sa femme et espouze et en
« solemniser le mariage en fasce de nostre mère Saincte Eglize, le
« plus tôt que commodément sera pourveu et advisé entre eulx,
« etc. . . . . . . . . . . . . . . . . . . . . . . . . . »

    Pages 9 et 10. « Au cas qu'il fut choisy et opté par la dicte
« future espouze, iceluy futur espoux a promis garantir et assigner
« spécialement sur une maison assise en la paroisse St-Pierre de
« Caen, juxte Thomas Giraud d'un côté et d'ung bout la ruelle du
« Mesnil-Torel ; enfin, sur une aultre maison assyse sur les Quais,
« partie en la dicte paroisse St-Pierre et l'aultre en la paroisse
« St-Gilles ; enfin, sur quarante accres de terre assis au village de
« Bougy et ses environs ; en sus, sur quarante-huit accres de terre
« assis en la paroisse de Gavreulx (Gavrus) ; en sus, sur trente-
« deulx livres à prendre sur un nommé Jean Bouet demeurant en
« la paroisse de Cristot, etc. . . . . . . . . . . . . . . . . . .
«  . . . . . . . . . . . . . . . . . . . . . . . . . »

    Pages 11 et 12. « Car ainsy le tout a esté dict, convenu et
« expressément accordé entre les dictes partyes, nonobstant toutes
« coustumes et loix à ce contraires et aux quelles, par l'effect du
« présent contract, les dicts futurs espoux ont expressément dérogé

« et spécialement à la coustume de Normandye. Promettant les
« dictes partyes par leur foy et serment, de leur corps non jamais
« aller ni venir contre le contenu en ces présentes ; ainsy l'avoir et
« tenir pour agréable, ferme et stable à toujours, sans y contrevenir
« en aucune sorte ni manière que ce soit ou puisse estre, etc . . .
« . . . . . . . . . . . . . . . . . . . . . . . »

Page 13. « Faict en présence de Laurent Buhoure, serviteur du
« dict sieur du Buisson, et Jehan Petit, serviteur du dict Baudouyn,
« tesmoings qui ont signé en la minutte avec les dictes partyes con-
« tractantes et aultres cy dessus nommées, avant midy, chez le dict
« Baudouyn, le mercredi deuxième jour de septembre, l'an mil cinq
« cent quatre-vingt-douze. »

Signé : Cornu ; avec un paraphe.

N° 9 (22 JANVIER 1597)

## Extrait du traité de mariage de Marie du Buisson :

Page 1. « En faisant et traictant le mariage qui, au plaisir de
« Dieu, sera faict et accomply en fasce de Saincte Eglize catholique,
« apostolique et romaine, entre honneste homme messire GUILLAUME
« HUBERT, sieur du MESNIL et damoyselle MARYE DU BUISSON, fille
« de deffunct NOBLE HOMME CLAUDE DU BUISSON, docteur et prieur
« des Escolles des droicts de l'Université de Caen, et damoyselle
« Marie Le Sueur de Laize, ses père et mère, etc. »

## A la page 2 du titre sont cités :

« Noble homme Pierre du Buisson, sieur du lieu ; noble homme
« maistre Anne du Buisson, conseiller du roy en sa court de Parle-
« ment et chanoine en l'église cathédrale de Rouen, sieur de Laize ;
« noble homme maistre Tanneguy du Buisson, conseiller du roy au
« siége général de la Table de marbre de Rouen, au Pallais, et
« advocat en la dicte court, sieur du Roumoys, etc., etc. »

## Aux pages 3 et 5, on trouve de curieux détails sur la coffrée d'une damoiselle Normande au XVI<sup>e</sup> siècle :

« Deulx coffres à bahuetz : (bahut : lourd coffre de chêne sculpté.
« bombé en dessus, orné de clous dorés et de maroquin ou de cuir
« de Cordoue.)
« Ung ciel de tappysserie rehaussé de soye, accompagné de
« rideaux, etc. »

Madame de Courson, damoiselle Le Sueur, donne à sa fille :

« Ung lict garny de plumes, traversaing et oreillers et deux cas-
« telongues (couvertures de laine surfines) et du linge à vollonté...
« Deulx robes de taffestas (étoffe de soie verte ou drap. de soie, au
« XVIe siècle), ung costillon de damaz (étoffe de soie à fleurs), des
« costillons ou baz de robbes en serge verte, rouge et noire,
« des brassières de même, des robes de drap vert, la chappe des
« menuz jours et le mantel de drap vert pour les jòrs feriez, plus
« la cappe de drap escarlate perfourée de petit gris. »

Nota. — Ce dernier vêtement était alors celui des fem-
mes et filles d'écuyers aisés et d'ancienne race.

Au dit contrat signèrent :

« Nobles hommes : Jean Roger, conseiller du roy au Parlement :
« — Jacques Richard, sieur de Bracqueville, conseiller à la Cour
« des Aydes de Normandye : — Jacques Roger, sieur de Cormiers,
« advocat au présidial de Caen, tous parentz de delle du Buisson.
« Faict le vingt-deuxième jour de janvier mil cinq cens quatre-
« vingtz-dix-sept. »

### Nº 10 (7 AOUT 159 )

Sentence de la Prévôté de Paris, rendue au nom du roi
par « Jacques d'Aulmont, chevalier, baron de Chappes, seigneur
« de Duy et Paltrau, gentilhomme ordinaire de la chambre du roy
« et garde de la Prévosté de Paris, etc. »
Pour « PIERRE DU BUISSÒ, ESCUYER, SIEUR DU BUISSON SAINCT-
« AULBIN, MARY DE ISABEL BAUDOUYN, etc. » (Inventaire des meubles de Nicolle Godeau, belle-mère de l'impétrant.)
Final : « En tesmoing de ce, nous avons faict mettre le scel de
« la d. Prévosté de Paris. — Ce feut faict par François Myron,
« sieur du Tremblay et de Lignières, conseiller du roy en ses
« conseils et son 1er lieutenant civil de la ville, prévosté et vicomté
« de Paris, — le vendredy, 7me jour d'aoust mil cinq cens quatre-
« vingtz-dix-huict. »

### Nº 11 (17 NOVEMBRE 1605)

Extrait du traité de mariage de Gillonne du Buisson :

Page 2 et 3. « En faisant et traictant le mariage qui, au plaisir
« de Dieu, sera faict et accomply en la fasce de Saincte Eglize

« apostolique et romaine, entre honneste homme PIERRE FONTHAINES,
« filz de Charles Fonthaines, bourgeois de Bretteville sur Laize, et
« de damoiselle Isabeau Rémond, ses père et mère, d'une part, et
« damoiselle GILLONNE DU BUISSON, fille de deffunct NOBLE HOMME
« CLAUDE DU BUISSON, en son vivant sieur DE CORSON, docteur et
« prieur des Escolles des droicts de l'Université de Caen, et de da-
« moiselle Marie Le Sueur, ses père et mère, d'aultre part, ont estés
« passés les accords et conventions qui en suivent, etc. . . . . . .
« . . . . . . . . . . . . . . . . . . . . . . . . . . . . . »

Pages 3 et 4. « Et de la part de NOBLE HOMME PIERRE DU BUIS-
« SON, sieur de CORSON, CONTROLLEUR ORDINAIRE DE LA MAISON DE LA
« REYNE MARGUERITTE DE VALOIS, et MESSIRE MAISTRE ANNE DU
« BUISSON, sieur de LAIZE, conseiller du roy en sa court du Parle-
« ment de Normandie, chanoine de l'église cathédrale de Rouen,
« maistre d'escolle (de chapelle) de l'église cathédrale de Baïeux,
« frères de la d. Gillonne du Buisson, a esté promis et accordé au
« d. Pierre Fonthaine, en considération du futur mariage la som-
« me de cinq cents escus, etc., etc. . . . . . . . . . . . . . .
« . . . . . . . . . . . . . . . . . . . . . . . . . . . . . »

Pages 6 et 7. « Faict ce dix-septième jour de novembre, l'an
« mil six cents cinq, en présence de nobles hommes Pierre Le
« Marchand, sieur du Rozel, conseiller du roy et trésorier général
« de France en la généralité de Caen; Me Gaspard Le Marchand,
« sieur d'Oultre–Laize, conseiller du roy et advocat général du
« roy en sa Cour des Aydes à Rouen ; Me Pierre Le Marchand,
« sieur de St-Manvieu, conseiller et secrétaire du roy, maison et
« couronne de France, cousins maternels de la d. damoiselle Gil-
« lonne ; noble homme Me Jean Roger, sieur de Neuilly, conseiller
« du roy en sa cour du Parlement à Rouen, cousin maternel ;
« Me David Le Roy, receveur des tailles en l'ellection de Fallaize ;
« Geoffroy Daumesnil; qui ont signé au présent avec les d. mariés. »

Suivent les dix signatures et en outre une onzième :
MATIGNON. Ce Matignon est messire de Goyon, chevalier,
sire de Matignon, comte de Thorigny, lieutenant général
en Basse–Normandie, ami de la famille du Buisson.

### N° 12 (7 MARS 1612)

« *Ellection des eschevins de la ville de Caen.*
« *Choix de trois gentilshommes et trois bourgeois.*
« *Pierre du Buisson est esleu le premier.*

« Du mercredy, jour des sainctes Cendres, septième de mars
« seize cent douze, devant messieurs du Eritot, bailly de Caen,

« maire de la d. ville, et de La Fresnaie, son lieutenant général,
« présence de messieurs Blondel, lieutenant, de La Serre, Malerbe
« et Gallot, advocats procureurs pour le roy au d. Caen, Boscain
« et Le Boucher, commissaires examinateurs en la vicomté de
« Caen, Bouvet, Vautier, Le Bas, Le Coq, Bonnel et Mauger,
« gouverneurs eschevins, Dupont receveur et Geaulard greffier :

« Assemblée et convention généralle a esté faicte des officiers du
« roy, bourgeois et habitants de la ville et faubourgs de Caen, con-
« voqués tant à cry public, après le son de la trompette, que par
« semonces particulières, faictes tant par le sergeant en l'hostel
« commun de ville que par les sergeants royaux, chacun selon leur
« quartier et département, en vertu du mandement à eux adressé
« du dimanche dernier, affin de procéder à L'ELLECTION DE SIX
« GOUVERNEURS ESCHEVINS, ung receveur des deniers communs et
« patrimoniaux, deux administrateurs du bien et terrain de la mai-
« son Dieu du d. Caen, et ung administrateur du bien et revenu de
« la léproserie de Beaulieu, maisons despendantes des corps et
« communautés des bourgeois et habitants de la ville de Caen ;
« estant le temps de la dernière ellection expiré, et ainsy qu'il est
« accoustumé de faire de trois ans en trois ans au dict jour, suivant
« les priviléges des bourgeois et habitants.

« En la quelle assemblée, après que les gens du roy parlant par
« de La Serre, advocat du dict sire, a exhorté les assistants à pro-
« céder à l'ellection des personnes qu'il convient eslire et nommer
« respectivement pour les charges cy-dessus déclarées, en toute
« sincérité, sans y apporter aucune considération particulière, mais
« seulement ayant esgard au bien et utilité publique et faire choix
« entre seize ou dix-sept personnes qui leur ont esté nommées et
« proposées, tous gentz capables de ces charges, ceulx qu'ils con-
« gnaistraient en plus convenables gentz, aymant le service du roy,
« la paix et le repos des habitants.

« Après la quelle remonstrance et exhortation, nous avons prins
« les advis et suffrages des assistants nommés en la feuille cy-atta-
« chée, par l'advis des quels, en la pluralité, nous avons consenti
« et arresté l'ellection faicte des personnes qui en suivent :

« *Pour les six jurats gouverneurs eschevins, aux quels*
« *leur ordre a esté baillé tel :*

« NOBLES HOMMES
{ PIERRE DU BUISSON, SIEUR DE COURSON.
Gilles Bernard, sieur de Vauville.
Jean Gui, sieur de Lairondel.

« Mrs
{ Jean Mauger, *continué.*
Jean Lescuyer.
Nicollas........ (Nom illisible.)

« *Pour receveur :*

« M^r Marin Dupont, continué aux gaiges de cinq cents livres,
« comme en dernière année.

« *Pour administrateur de l'Hostel-Dieu :*

« Jacques Semblin, pour faire les deux premiers ans ;
« Jean Perrier, pour la troisième et dernière année.

« *Pour administrateur de la Léproserie :*

« M^r Girard du Quesné.

« La quelle ellection a esté approuvée par un consentement géné-
« ral de tout le peuple illec assemblé, ne s'estant présenté aucune
« personne qui ait voullu contredire, veu que c'était l'advis de la
« pluralité.

« Au moyen de quoy, nous avons solennellement faict prester
« le serment aux six gouverneurs eschevins, tel qu'il est contenu au
« chartrier de la ville, après leur en avoir esté faict lecture, et aussy
« à Dupont, receveur, Semblin et Perrier, de bien et fidellement
« se contenir en leurs charges.

« Et quant à Girard du Quesné, administrateur pour la Lépro-
« serie, du présent absent de ce pays, il sera adverti estant de
« retour, de comparoir par devant nous, en l'hostel commun de la
« ville, pour prester le serment à ce requis, faict comme dessus. »

Signé : *Boutin, Vauquelin ;* avec chacun un paraphe.

## N° 13 (AOUT 1613)

Lettres patentes de Louis XIII autorisant Pierre du
Buisson de Courson à construire un colombier en son domaine de Gavrus :

« LOUIS, PAR LA GRACE DE DIEU, ROY DE FRANCE ET DE NAVARRE
« à tous présents et à venir, SALUT. — *Notre cher et bien aimé*
« PIERRE DU BUISSON, ÉCUYER, SIEUR DE COURSON nous a fait re-
« monstrer qu'il possède en propriété mesurée, au lieu de GAVRUE,
« plus de soixante accres de terre entre les quels y a un dellage
« enclos d'eaux et fossés, contenant environ vingt accres de terre,
« tant en prés, bois et jardin qu'en terre labourable, dont partie est
« tenue en mouvance de Nous, à cause de nos fiefs de Gavrue,
« estant le dict lieu en bon et convenable pays et très propre pour
« y faire construire *Fuye et Collombier*, sans incommodité au
« voisinage, Nous suppliant très humblement pour la décoration du
« d. lieu, proffit et augmentation d'icelluy, lui en donner et octroyer

« la permission et sur ce, luy impartir nos Lettres nécessaires :
« — SCAVOIR FAISONS que, voullant favorablement traicter le dict
« suppliant *en considération des bons et agréables services*
« *que luy et ses prédécesseurs ont rendus aux feus roys*
« *Henry III^{me}, d'heureuse mémoire, et Henry-le-Grand, nostre*
« *très honoré seigneur et père (que Dieu absolve), et luy*
« *donner subject de les continuer envers Nous,* A ICELUY, POUR
« CES CAUSES, NOUS, par l'advis et prudent conseil de la reyne
« régente, nostre très honorée dame et mère, avons, de nostre
« grâce spécialle, pleine puissance et auctorité royale, donné et
« octroyé, donnons et octroyons par les présentes, signées de nostre
« main, congé et permission de faire construire, bâtir et édifier en
« son lieu de Gavrue un colombier et fuye aux lieux plus propres
« que bon lui semblera, de telle façon et qualité qu'il verra lui
« estre convenable, pour la décoration, proffit et augmentation de
« son lieu de Gavrue, sans qu'en ce faisant aucune chose lui soit
« ou puisse estre demandée par nos officiers, en aucune sorte ni
« manière que ce soit ou puisse estre, pourveu que le d. lieu soit
« mouvant de Nous et qu'au sieur du Buisson appartienne la quan-
« tité de terre cy-dessus déclarée ou autre à suffire selon la cous-
« tume des lieux. — SY DONNONS EN MANDEMENT à nostre bailly
« de Caen, son lieutenant ou l'un des conseillers du dict siège, ces
« présentes faire lire et régner et de leur contenu faire jouir et user
« le d. Pierre du Buisson, ses successeurs ou ayant-cause, sans
« permettre ni souffrir qu'il y soit contrevenu, cessant et faisant
« cesser tous les empeschements qui pourraient être mis ou donnés
« à la construction du d. collombier, entretenance et jouissance
« d'iceluy. — CAR TEL EST NOSTRE BON PLAISIR, nonobstant cla-
« meur et haro et autres normandes prises à partie et Lettres à ce
« contraires, sauf en autres choses nostre droit et de l'autruy. —
« Et affin que ce soit chose ferme, stable et à toujours, Nous avons
« faict mettre nostre scel à ces présentes.
« Donné à Paris, au mois d'août, l'an de grâce mil six cens
« treize et de nostre règne le quatorzième. »

Signé : LOUIS. (Signature authentique.)

Plus bas est écrit :

« *Pour le roy, la reyne régente, sa mère, présente.*
Signé : M. (Marie de Médicis.)

Plus bas encore :

Signé : LOMÉNIE. (Le ministre Loménie de Brienne.)

Le sceau royal, actuellement brisé, était posé sur des
lacs de soie rouge et verte.

N° **14** (21 mai 1614)

## Traité de mariage de Marguerite du Buisson :

« Au traicté de mariage qui, au plaisir de Dieu, sera fait et cel-
« lébré en fasce de Saincte Églize catholicque, apostolicque et romai-
« ne, entre NOBLE HOMME, FRANÇOIS DE BALLEROY, sieur de LA
« CARRIÈRE, filz et hérittier en sa partie de deffunct Hubert de
« Balleroy, escuïer, et de Colette Cauchard, ses père et mère, d'une
« part, et damoiselle MARGUERITE DU BUISSON, fille puînée de
« deffunct noble homme Claude du Buisson, vivant sieur de Cour-
« son, etc., etc. . . . . . . . . . . . . . . . . . . . . . . »

Furent comparants : « NOBLES HOMMES PIERRE DU BUISSON, SIEUR
« DE COURSON, premier conseiller et eschevin de l'hostel commun
« de la ville de Caen, et maistre ANNE DU BUISSON, SIEUR DE
« LAIZE, conseiller du roy en sa court du Parlement de Normandie,
« à Rouen, frères de la dite fille, etc. Nobles hommes M^tre Gaspard
« Le Marchand, sieur d'Outrelaize, conseiller du roy et son advocat
« général en la Cour des Aydes en Normandye, Pierre Le Mar-
« chand, sieur de St-Manvieu, trésorier de France au bureau des
« Finances à Caen, Jacques Blondel, sieur de Baudre, lieutenant
« au bailliage et siége présidial au dit Caen, Pierre Roger, sieur de
« Torteval, parents de la dite damoiselle ; maistre François de Bal-
« leroy, prestre, curé de la Bazoque, frère du futur espoux. »

Signé : *de Balleroy* ; *Marguerite du Buisson* ; *Marye Le
Sueur* ; *P. du Buisson* ; *A. du Buisson* ; *Le Marchand* ; *de
Balleroy* ; *Blondel* ; *Roger* ; avec autant de paraphes.

N° **15** (8 AOUT 1615)

« RECEU de PIERRE DU BUISSON, ESCUÏER, SIEUR DE COURSON, la
« somme de soixante sols tournois, en quoy il a esté cottisé, à la
« taxe qui faite a esté sur les NOBLES et NOBLEMENT TENANS, pour
« les frais faits par le sieur député de la Noblesse du bailllage de
« Caen, aux Estats généraux de France tenus à Paris en l'année
« mil six cents quatorze, avec la somme de dix sols tournois pour
« les frais de la levée qui a esté taxée sur les dits Nobles et Noble-
« ment tenans.
« Faict par moy, conseiller du roy, et receveur ordinaire au dit
« bailllage de Caen, ce vingt-huictième jour de décembre mil six
« cents quinze. »

Signé : *Picard* ; avec un paraphe.

## N° 16 (12 juillet 1628)

Teneur d'un acte de FOI ET HOMMAGE au commencement du XVIIᵉ siècle :

« DE NOBLE HOMME MESSIRE MAISTRE ANNE DU BUISSON, SEIGNEUR
« ET PATRON DE CRISTOT ET DE BROUAY, conseiller du roy au Parle-
« ment de Rouen, BLAIZE-LOUIS, hérittier à cause de sa femme, fille
« et hérittière de deffuncte Marie Lamendey, sa mère, confesse et
« advoue tenir par *foy et hommage*, à cause de ses nobles fiefs,
« terres et seigneuries de Cristot et de Brouay, qui furent d'Ar-
« gouges, les héritages qui en suivent : . . . . . . . . . . .
« . . . . . . . . . . . . . . . . . . . . . . . . . . »

Suit une énumération de terres situées dans les paroisses de Cristot, Brouay et Audrieu.

« A cause des quels héritages, je suis tenu envers mon dict sei-
« gneur à foy et hommage, reliefs de fiefs, dismes, aides coustu-
« miers, obéissance de court, et usages, et autres dubs et devoirs
« seigneuriaux, ainsi que les autres hommes et tenantz d'icelle
« seigneurie.
« Ainsi baillé et advoué pour bon et véritable, aux plaids à gaiges
« de la dite seigneurie, tenus par Nous, Gilles de La Mothe, licen-
« tié aux lois, advocat à Caen, séneschal d'icelle seigneurie, le mer-
« credy douzième jour de juillet mil six cens vingt-huict, présence
« de Pierre Labey, tabellion à Caen, prins pour greffier et adjoint ;
« qui a esté reçu par Claude du Buisson, escuyer, neveu du sieur
« de Cristot, Brouay. »

## N° 17 (30 novembre 1629)

« ESTAT ET DÉCLARATION DE TROIS OFFICES DE CONTROL-
« LEUR AU GRENIER ET MAGAZIN A SEL DE CAEN, que tenait feu
« Mᵉ Eustache Onfroy, vivant paisible possesseur du prix, pour
« estre vendus, chacun des ditz trois offices séparément et à part,
« par devant monsieur le bailly de Caen ou son lieutenant, com-
« missaires de la court du Parlement de Rouen en cette partye, à
« la requeste et diligence de NOBLE HOMME MESSIRE CLAUDE DU
« BUISSON, SIEUR DE CRISTOT, *conseiller et procureur du roy en*
« *l'ellection et grenier à sel de Caen*, tuteur actionnaire des
« enfants soubs bas âge de Mᵉ Anne Onfroy, vivant escuyer, sieur
« de Buron, en exécution de l'arrest donné en la dite court le

« vingt et unième jour de novembre dernier, entre luy d'une part,
« et Marie Onfroy, femme de Jean Le Maistre, sieur de Camilly,
« etc., etc. » . . . . . . . . . . . . . . . . . . . . . .
« . . . . . . . . . . . . . . . . . . . . . . . . . . . »

À la page 8, on lit :

« La présente déclaration et estat a esté faicte et signée par moy,
« Claude du Buisson, ce dernier jour de novembre mil six cents
« vingt-neuf, et remise au greffe de monsieur le bailly de Caen pour
« et aux fins que dessus. »

Signé : *du Buisson*. (Signature autographe.)

### N° 18 (9 juin 1669)

Extrait d'un acte de donation religieuse au trésor (fabrique) de la paroisse de Cristot :

« A TOUS CEULX QUI CES LETTRES VERRONT, MESSIRE THOMAS
« MORANT, chevalier, seigneur et baron du Mesnil-Garnier, con-
« seiller du roy en ses Conseils d'Estat et privé, maistre des Re-
« questes ordinaire de son hostel, grand trésorier de ses ordres et
« garde hérédital du scel des obligations de la vicomté de Caen et
« Evrecy, SALLUT. — SCAVOIR FAISONS que par devant Thomas
« Durozier et Jean Caumont, son adjoint, tabellions royaux en la
« sergenterie de Cheux, fut présent CLAUDE DU BUISSON, ESCUYER,
« SEIGNEUR ET PATRON DE CRISTOT ET DE BROUAY, lequel, *mu de
« dévotion et désirant faire le sallut de son âme*, a donné et
« concédé, pour luy et ses hoirs, au trésor de la ditte paroisse de
« Cristot, pour augmenter le bien d'iceluy, et pour en jouir à per-
« pétuité pour certaines causes, acte l'obligeant : c'est à scavoir :
« une pièce de terre assize en la ditte paroisse de Cristot, nommée
« Le Ruffey, etc., etc. Se réservant seulement devers lui foy et
« hommage, etc. . . . . . . . . . . . . . . . . . . . .
« . . . . . . . « En tesmoing de ce, ces Lettres furent scellées
« du dit scel, sauf autruy droit. Ce fut fait et passé à Cristot, le
« dimanche. neufviesme jour de juin mil six cens soixante et neuf.
« Présents Jean Picou et Bunonf, demeurant au dit lieu, tesmoins
« lesquels ont signé avec nous à la minutte du présent. »

Signé : *Durozier, Caumont* ; avec chacun un paraphe.

### N° 19 (29 mars 1675)

Extrait d'un arrêt du Grand Conseil du roi, rendu en dernier ressort, et reconnaissant aux seigneurs du Buisson

de Cristot-Courson le droit *exclusif* de nommer à la cure
de la paroisse de St-André de Cristot :

Pages 1, 2, 3 et 4. — Extraits. — « LOUIS, PAR LA GRACE
« DE DIEU, ROY DE FRANCE ET DE NAVARRE, à tous ceux qui ces
« présentes Lettres verront, SALUT. — SCAVOIR FAISONS, comme
« par ARREST ce-jourd'hui donné EN NOSTRE GRAND CONSEIL,
« entre nostre bien aimé Gabriel Soulais, prestre, maistre ez
« arts de l'Université de Paris, pourveu par Nous de la cure de
« Saint-André de Cristot, diocèze de Bayeux, etc..... et Jean
« Maillard, aussy prestre, etc..... et Thomas Huet, aussy prestre,
« etc... et Jean Decaen, prestre, curé de Lictot, etc... et entre CLAUDE
« DU BUISSON, ESCUYER, se prétendant seigneur et patron de Cristot
« et de Brouay, demandeur, en requeste du 22 décembre mil six
« cens soixante-quatorze, à ce qu'il soit receu partye intervenante
« en l'instance, et que, faisant droict sur son intervention, il soit, en
« tant que besoing, maintenu et gardé dans le droict, possession et
« jouissance en quels il est de *présenter* à la dicte cure de Cristot
« et, en cas de contestation contre, soient condamnés à tous les
« despens et dommages de l'instance, etc., etc. . . . . . . . . .
« . . . . . . . . . . . . . . . . . . . . . . . . . . »

Pages 11, 24, 25, 26 et 27. — Extraits. — « VEU PAR NOSTRE
« DICT CONSEIL les dictes demandes et requestes des partyes, etc.,
« etc . . . . . . . . . . . . . . . . . . . . . . . . . »
(Enumération de quarante ou cinquante pièces.)

« VEU AUSSY : Les expéditions du contrat et transaction par les
« quels Jean Le Vavasseur, bourgeois de Caen, et messire Le Fau-
« connier, escuyer, sieur du Mesnil-Patry, auraient cédé à MESSIRE
« ANNE DU BUISSON, conseiller en nostre Parlement, les dicts fiefs de
« Cristot, des dix-neuf febvrier et sept septembre mil six cens
« vingt, avec clauses et conditions y contenues ; — Deux extraicts
« des registres des plaids de la seigneurye de Cristot, tenus soubs le
« nom de Claude du Buisson, des 12 juillet 1647 et 4 juillet 1658 ;
« etc. — L'arrest de la Chambre des Comptes de Rouen, par le
« quel main levée est faicte de la saisie féodalle des fiefs de Cristot,
« comme ne relevant pas de Nous, du 4 aoust 1661 ; etc. — L'acte
« de foy et hommage, rendu par Raollin Guibard, bourgeois de
« Caen, à Claude du Buisson, pour raison de plusieurs fonds pos-
« sédés par luy en la dicte seigneurie de Cristot, du 30 juin 1659 ;
« etc . . . . . . . . . . . . . . . . . . . . . . . . . »

Pages 33, 34 et 35. — Dispositif de l'arrest. — « ICELLUY
« NOSTRE DICT GRAND CONSEIL, FAISANT DROICT SUR L'IN-
« TERVENTION DE MESSIRE CLAUDE DU BUISSON, a maintenu et gardé,
« maintient et garde Thomas Huet en la possession et jouissance de

« la cure de St-André de Cristot, fruicts, proffits, revenus et émo-
« luments d'icelle, ORDONNE QUE CLAUDE DU BUISSON PRÉSENTERA A
« LA DICTE CURE, TANT QU'IL JOUIRA DES DICTS FIEFS DE CRISTOT ; —
« Ce faisant, sur le surplus des instances, a mis et met les partyes
« hors de cour et procès et a condamné les dicts Soulais, Maillard
« et Decaen aux despens envers Huet, et les dicts Maillard et Sou-
« lais aux despens envers CLAUDE DU BUISSON, SEIGNEUR ET PATRON
« DE CRISTOT.

« SY DONNONS EN MANDEMENT au premier des huissiers de nostre
« dict Grand Conseil ou autre nostre huissier ou sergent sur ce
« requis, sur la requeste des dicts, le présent arrest il mettra à
« deue et entière exécution, de poinct en poinct, selon sa forme et
« teneur, nonobstant oppositions ou appellations quelconques, pour
« lesquelles, sans préjudices d'icelles, ne voulons estre différé et
« oultre-faire ; — pour l'entière envention des présentes, tous exploicts
« de signiffications, commandements, contrainctes et autres actes
« de justice requis nécessaires ordonnons pouvoir, sans pour
« ce demander plaids ni paroles, et nonobstant clameur et haro,
« chartes Normandes et aultres choses à ce contraire.

« Donné en nostre dict Grand Conseil, à Paris, le vingt-
« neufviesme jour de mars, l'an de grâce mil six cens soixante-
« quinze et de nostre règne le XXXII$^{me}$. »

Signé : LOUIS.

*Par le roy, un des gens de son Grand Conseil :*

Signé : GERBIN ; avec un paraphe.

**N° 20** (31 AOUT 1694)

Lettres royales (Louis XIV) de GARDE NOBLE d'un gentilhomme mineur, à la fin du XVII$^e$ siècle. — Extrait :

« LOUIS, PAR LA GRACE DE DIEU ROY DE FRANCE ET DE NAVARRE,
« à nos aimés et féaux les gens de nos Comptes à Rouen, prési-
« dents, trésoriers généraux de France au bureau de nos Finances
« étably à Caen, bailly de Caen ou son lieutenant, et à tous autres
« nos justiciers et officiers qu'il appartiendra, SALUT. — VOULANT
« POURVOIR, à la GARDE NOBLE, gouvernement et administration des
« personne et biens du fils mineur (Pierre-Nicolas du Buisson) du
« feu sieur PIERRE DU BUISSON, ESCUYER, SEIGNEUR ET PATRON DE
« CRISTOT ET DE BROUAY, et de dame MARIE-ANNE DE MORANT, sa
« veuve, faisant profession de la religion catholique, apostolique et
« romaine. Nous avons estimé ne pouvoir faire un meilleur choix
« que la d. dame de Morant, bien informez qu'elle a toute la pro-

« bité suffisante et bonne conduite qui peut être désirée pour s'ac-
« quitter dignement de tout ce qui concerne la dite garde et com-
« mission, que d'ailleurs l'affection naturelle qu'elle doit avoir pour
« le bien et avantage de son fils la portera toujours plus que tout
« autre à veiller à la conservation de ses intérêts et bonne éduca-
« tion. — POUR CES CAUSES ET AUTRES A CE NOUS MOUVANT, avons
« de notre grâce spécialle, pleine puissance et authorité royale,
« accordé, donné et octroyé, accordons, donnons et octroyons par
« ces présentes, signées de notre main, à la ditte dame de Morant,
« la GARDE NOBLE du fils mineur du d. deffunct et d'elle, à Nous
« appartenant par les droits de notre couronne et du duché de
« Normandie, pour icelle administrer, régir et gouverner en la
« personne du d. mineur les biens d'iceluy pendant sa minorité,
« suivant les règles et coustumes du pays, à la charge, etc. . . . .
« . . . . . . « Nous réservant néanmoins la nomination, pré-
« sentation, et autres provisions des cures et bénéfices estant du
« patronage des terres et fiefs dépendant de la ditte garde noble, et
« générallement faire tout ce qui est du devoir d'icelle, et que
« feraient nos officiers, s'ils en avaient nos ordres et nos comman-
« dements, sans que la ditte dame de Morant soit tenue de nous
« payer aucune finance, de la quelle, à quelque somme qu'elle
« se puisse monter, nous luy avons fait et faisons don et remise par
« ces présentes. — SI VOUS MANDONS ET ORDONNONS que de leur
« contenu vous fassiez jouir et user la d. dame de Morant pleine-
« ment et paisiblement, etc., etc. . . . . . . . . . . . . .
« . . . . . . . . . . . . . . . . . . . . . . . . . . .

« CAR TEL EST NOSTRE BON PLAISIR.

« Donné à Versailles le trente et unième jour d'aoust, l'an de
« grâce mil six cens quatre-vingt-quatorze et de notre règne le
« cinquante-deuxième. »

Signé : LOUIS.

Plus bas est écrit :

*Par le roy* :

Signé : PHÉLIPPEAUX ; avec un paraphe.

N° 21 (MARS-AOUT 1697 : AOUT 1700)

Extraits de *trois* requêtes de Robert Hubert, tuteur de
messire Pierre-Nicolas du Buisson de Cristot-Courson,

requêtes tendant à faire reconnaître authentiquement la noblesse d'origine du mineur :

1<sup>re</sup> REQUÊTE. — 6 MARS 1697. — (Page 1.)

> « A monseigneur Foucault, chevalier, marquis de
> « Magny, conseiller du roy en ses Conseils,
> « maître des requestes de son hôtel, intendant
> « en la généralité de Caen :

« Supplie humblement Robert Hubert, avocat, tuteur de Pierre « Nicolas du Buisson, escuyer, seigneur et patron de Cristot et de « Brouay, etc., etc.

« Pour donc faire voir abondamment la justification de la noble « extraction du d. mineur, le d. tuteur représentera seulement des « preuves des deux derniers siècles et six derniers degrés de filia- « tion, par titres non suspects veus, examinés et passés : 1° par « messieurs les Commissaires de la taxe des francs-fiefs, du 2 dé- « cembre 1637 ; 2° par monseigneur de La Potterie, intendant en « la généralité de Caen, du 13 octobre 1643 ; 3° par la Chambre « souveraine, le 2 septembre 1658 ; 4° et récemment, par les « Commissaires généraux pour les francs-fiefs, le 6 juillet 1694 ; « les quels jugements ôtent tout lieu de contester la qualité du « mineur. Le premier des quels fait foy de la noblesse de THOMAS « DU BUISSON, escuyer, qui vivait au siècle quatorziesme, dont le « descendant JEAN DU BUISSON, escuyer, espousa JEANNE BOUET le « 22 décembre 1517 et, mort en 1531, laissa CLAUDE DU BUISSON. « sieur de COURSON, escuyer, son fils, mineur, auquel fut establi « tuteur au baillage de Caen le dernier juillet 1533, suivant qu'il « est référé au commencement du veu des pièces du d. acte de « 1637, etc., etc.

2<sup>me</sup> REQUÊTE. — 1<sup>er</sup> AOUT 1697. — (Page 1.)

> « A monseigneur Foucault, chevalier, marquis de
> « Magny, etc.

« Il est objecté que la noblesse des d. mineur n'a pas esté em- « ployée dans la précédente Recherche de M. de Chamillart. Il est « facile d'en justifier la cause, qui est que la production des pièces « d'icelle fut égarée aux mains du sieur Lepetit, secrétaire du dit « sieur de Chamillart, lors de la Recherche, ce dont le degré des « productions fait foy. Aussy il ne paraît pas qu'il y ait eu aucune « condamnation pendant les précédentes Recherches, quoique les « ancêtres du d. sieur mineur aient toujours possédé la dite qualité « par leurs contrats de mariage et actes les plus authentiques, et ce

« fut cet égarement de pièces produites lors de la dernière Recher-
« che qui donna lieu à l'Ordonnance de provision de 1673, suivant
« que la mère du mineur l'a déjà justifié devant vous, monsei-
« gneur, etc., etc. »

3ᵐᵉ REQUÊTE. — 12 AOUT 1700. — (Pages 1, 10 et 11.)

« *A nosseigneurs les Commissaires généraux du*
« *Grand Conseil, députés par le roy pour la*
« *recherche des faux Nobles.*

« NOSSEIGNEURS,

« Robert Hubert, avocat à Caen, tuteur de Pierre-Nicolas du
« Buisson, escuyer, sieur de Courson, seigneur et patron de Cristot,
« vous remontre très humblement, etc . . . . . . . . . .

« Ces titres sont dans la meilleure forme que titres puissent être,
« et hors de toute suspicion. Il y en a même d'essentielz, comme
« contrats de mariage et autres actes de famille, sur chaque degré
« de filiation, autant qu'on peut en désirer pour preuve parfaite. .
« . . . . . . . . . . . . . . . . . . . . . . . . .

« A l'égard de l'ordonnance de feu monsieur de Chamillart, du
« septiesme juillet mil six cens soixante-treize, sur laquelle a roulé
« la seconde objection, il y a bien des raisons qui devaient déter-
« miner messire Foucault, à ne pas s'y arrester : 1° Elle concerne
« uniquement les droits des francs-fiefs. Or, les jugements rendus
« en cette matière au proffit des Nobles, n'étant point regardés
« comme décisions dans la présente recherche de Noblesse, il est
« de justice de n'avoir pas plus d'égard à ceux qui se trouvent
« rendus contre eux sur la mesme matière des francs-fiefs ; 2° quand
« même ces sortes de jugements feraient quelque conséquence en
« recherche de Noblesse, il est constant que celuy-cy n'en pour-
« rait faire aucun contre l'appelant, puisqu'il n'est que *provisoire*,
« que les provisions ne font jamais que tenir le droit des parties en
« estat, quelqu'exécution qui s'en soit ensuivie ; que l'exécution
« d'un pareil jugement ne peut jamais estre que provisoire, l'effet
« ne pouvant estre d'une autre nature que la cause, etc., etc. »

Nᵒ 22 (28 AOUT 1704)

Ordonnance de Maintenue de Noblesse, sur parchemin
timbré du sceau du Grand Conseil, des Commissaires
généraux du Conseil d'Etat statuant en dernier ressort.

Cette ordonnance reconnaît la noblesse d'antique extraction de la maison du Buisson, et fut rendue en faveur de messire Pierre-Nicolas du Buisson, écuyer, sieur de Courson, seigneur et patron de Cristot et de Brouay, mineur d'ans, sur l'appel interjeté par Robert Hubert, son tuteur, d'une sentence de l'intendant de la généralité de Caen.

*(Pièce d'une importance capitale.)*

Copie par extrait.

Pages 1 et 2. — Extrait. — « LES COMMISSAIRES GÉNÉ-
« RAUX DU GRAND CONSEIL, DÉPUTÉS PAR LE ROY POUR
« L'EXÉCUTION DE SES DÉCLARATIONS DES 4 SEPTEMBRE 1696,
« 30 MAY 1702 ET 30 JANVIER 1703, ET ARRESTS DU CONSEIL REN-
« DUS EN CONSÉQUENCE CONTRE LES USURPATEURS DU TITRE DE
« NOBLESSE :

« VEU copie de l'Ordonnance du sieur Foucault, marquis de
« Magny, intendant en la généralité de Caen, rendue le vingt-neuf
« juillet mil six cent quatre-vingt-dix-sept, par laquelle, faute par
« CLAUDE DU BUISSON d'avoir satisfait à l'Ordonnance de provision
« du sieur CHAMILLART, du sept juillet mil six cent soixante-treize,
« en ce qu'elle ordonne qu'il raportera dans le mois la minutte du
« traitté de mariage de JEAN DU BUISSON, du vingt-cinq juin mil
« cinq cent treize, et qu'il a rapporté plusieurs contrats par extrait
« et advœux rendus par Claude du Buisson, premier du nom, des
« années mil cinq cent cinquante-quatre, mil cinq cent cinquante-
« cinq et mil cinq cent soixante-quatre, dans les quels il ne prenait
« pas la qualité D'ESCUIER, a condamné PIERRE-NICOLAS DU
« BUISSON en l'amende de deux mille livres pour avoir pris et
« usurpé la qualité d'escuïer, aux deux sols par livre et aux des-
« pens, avec deffences de prendre à l'avenir la dite qualité sous
« plus grandes peines ;

« VEU aussy la requeste à NOUS présentée par Robert Hubert,
« avocat à Caen, tuteur de PIERRE-NICOLAS DU BUISSON, ESCUÏER,
« SEIGNEUR ET PATRON DE CRISTOT, tendante à ce que, pour les
« causes et raisons y contenues, il nous plaise recevoir le d.
« Pierre-Nicolas du Buisson, appelant de la ditte ordonnance du
« sieur Foucault du d. jour vingt-neuf juillet mil six cent quatre-
« vingt-dix-sept ; — Luy donner acte de ce que, pour griefs et moyens
« d'apel, il employe le contenu en la ditte requeste et en son inven-
« taire de production ; — Faisant droit sur son apélation, sans avoir
« égard à la ditte ordonnance qui sera mise à néant, décharger
« l'appelant de la demande du traittant ; — Le maintenir et garder
« en la possession de sa noblesse héréditaire ; — Ordonner qu'il

16

« sera inscrit au Catalogue des Nobles de la province de Norman-
« die, et qu'il jouira des priviléges, honneurs et exemptions dont
« jouissent les véritables gentilshommes du royaume, avec deffenses
« à touttes personnes de l'y troubler, etc., etc.; — La ditte requeste
« signée Hubert au d. nom, et Passerat, avocat ès conseils du roy,
« au bas de laquelle est l'Ordonnance du sieur Bignon, du douze
« aoust mil sept cens, de soit communiquée, et la signiffication
« d'icelle, faite le quatorze du d. mois et an à M<sup>e</sup> Le Noir le jeune,
« avocat du traittant ;

« veu autre requeste, etc., etc. . . . . . . . . . . . . . .
« . . . . . . . . . . . . . . . . . . . . . . . . . . . . »

Pages 3, 4, 5, 6, 7, 8, 9, 10 et 11. — Extraits. — « VEU LES
« TITRES DE NOBLESSE a nous représentés par le d.
« hubert, au d. nom de tuteur de pierre-nicolas du buisson,
« scavoir :

(Suit une énumération de cinquante-deux titres de
noblesse. Nous nous contenterons d'en mentionner plusieurs, en évitant de citer ceux dont nous avons déjà
donné des extraits.)

« 1° Deux contrats d'acquisition faite par Jean du Buisson, le
« premier du vingt-un septembre mil cinq cent vingt-deux, par le
« quel il est qualifié noble homme, sieur de Courson, et le deuxième
« du vingt-cinq septembre mil cinq cent vingt-cinq, où il est qua-
« lifié escuïer, des héritages scis en la paroisse de Cristot ; —
« 3° Trois sentences, rendues au baillage de Caen les dernier
« juillet mil cinq cent soixante-huit, premier décembre mil cinq
« cent soixante-neuf et deux janvier mil cinq soixante-treize, dans
« lesquelles Claude du Buisson, fils de deffunt noble homme Jean
« du Buisson. est qualifié escuïer, sieur de Courson ; — 6° Une
« expédition du partage, du vingt-huit décembre mil cinq cent
« quatre-vingt-neuf, des biens de Claude du Buisson. escuïer,
« docteur aux droits, sous signature privée entre Marie Le Sueur,
« dame de Laize, sa veuve, et Tanneguy, Pierre et Anne du Buis-
« son, enfants du dit deffunt, par lequel il parait que le deuxième
« lot est écheu à Pierre du Buisson ; — 10° Contrat d'amortisse-
« ment de quinze livres de rente, fait le quinze octobre mil six cent
« cinq par Anne du Buisson, escuïer, héritier de Tanneguy du
« Buisson, escuïer, son frère, et stipulé par Pierre du Buisson,
« escuïer, sieur de Courson, son autre frère, tous hérittiers de feu
« noble homme Claude du Buisson, docteur et prieur des escolles
« de droit de l'Université de Caen, leur père ; — 13° Grosse, en
« papier, du contrat de mariage, du vingt-huit juin mil six cent

« douze, de Catherine du Buisson, fille de deffunt noble homme
« Claude du Buisson, sieur de Courson, et de damoiselle Marie Le
« Sueur, dame de Laize, ses père et mère, dans lequel traitté de
« mariage noble Anne du Buisson, conseiller au Parlement de
« Rouen, est qualifié frère de la dite Catherine du Buisson ; —
« 15º Contrat d'amortissement, fait le quinze septembre mil six
« cent quatorze, par noble homme Pierre du Buisson, sieur de
« Courson, l'un des gouverneurs eschevins de la ville de Caen, dans
« lequel il est fait mention que Marie Le Sueur était sa mère et que
« noble homme messire maistre Anne du Buisson, conseiller au
« Parlement de Rouen, estait obligé à la dite rente ; — 20º Dix
« contrats d'échange, quittances, sentences du baillage et vicomté
« de Caen, passez depuis le vingt juillet mil six cent vingt-huit
« jusques et compris le deux juillet mil six cent quarante-quatre,
« dans les quels Claude du Buisson, second du nom, est qualifié
« noble homme, escuïer, sieur de Cristot ; — 21º Contrat de
« mariage en parchemin, passé, le dix-sept février mil six cent
« vingt-quatre, entre Claude du Buisson, escuïer, sieur de la Fonte-
« nelle, seul fils et présomptif heritier de noble homme messire
« Pierre du Buisson, sieur de Courson, et de deffunte damoiselle
« Elisabeth Baudouyn, ses père et mère, d'une part, et damoiselle
« Anne Lamendey, d'autre ; — 23º Jugement des sieurs Commis-
« saires députés pour les francs-fiefs et nouveaux acquests en Nor-
« mandie, du onze décembre mil six cent trente-sept, qui décharge
« Claude du Buisson, seigneur et patron de Cristot et de Brouay,
« comme noble, d'une taxe à cause des dits fiefs de Cristot et de
« Brouay ; — 24º Ordonnance du sieur de La Potterie, lors inten-
« dant en la généralité de Caen, du trois octobre mil six cent qua-
« rante-trois, qui décharge le dit Claude du Buisson, comme noble,
« d'une taxe à cause des d. fiefs ; — 25º Sentence du présidial de
« Caen, du dix-neuf mars mil six cent cinquante, portent entérine-
« ment de Lettres obtenues par escuïer Pierre du Buisson, second
« du nom, tant pour luy que pour ses frères mineurs, enfants de
« Claude du Buisson, escuïer, sieur de Cristot, et de damoiselle
« Anne Lamendey, pour estre relevez d'un contrat d'échange fait
« entre Pierre du Buisson, escuïer, sieur de Courson, leur ayeul,
« d'une part, et les d. Claude du Buisson, sieur de Cristot, et Anne
« Lamendey, leurs père et mère, d'autre ; — 26º Autre sentence
« du d. présidial de Caen, du treize juillet mil six cent cinquante,
« par laquelle il paraist que Pierre du Buisson, escuïer, sieur de
« Cristot, estait fils ainé de Claude du Buisson, seigneur et patron
« de Cristot et de Brouay, et de dame Anne Lamendey, et que
« Françoise de Poilvillain estait femme en secondes noces du d.
« Claude ; — 27º Jugement de la Chambre souveraine établie pour
« la recherche des francs-fiefs en Normandie, du deux septembre
« mil six cent cinquante-six, par lequel Claude du Buisson,

« escuïer, sieur des fiefs de Cristot et de Courson, a esté déchargé
« d'une taxe à canse des d. fiefs ; — 29° Contrat de cession, du
« vingt septembre mil six cent soixante-dix-neuf, entre Claude du
« Buisson, seigneur et patron de Cristot et de Brouay, et Georges
« Couespel, son gendre, des terres y mentionnées ; — 31° Quit-
« tance passée, le vingt mars mil six cent quatre-vingt trois, devant
« nottaires, à Caen, dans la quelle Pierre du Buisson est qualifié
« escuïer, seigneur et patron de Cristot, fils aîné et non héritier de
« Claude du Buisson, vivant aussy escuïer, seigneur et patron du d.
« Cristot ; — 32° Contrat de mariage en parchemin, du vingt-
« cinquiesme novembre mil six cent quatre-vingt trois, entre
« Pierre du Buisson, escuïer, seigneur et patron de Cristot et de
« Brouay, d'une part, et damoiselle Marie-Anne de Morant, d'autre ;
« — 34° Extrait baptistaire, du vingt-neuf juin mil six cent qua-
« tre-vingt quatre, de Pierre-Nicolas, fils légitime de Pierre du
« Buisson, seigneur et patron de Cristot et de Brouay, et de noble
« dame Marie-Anne de Morant, ses père et mére, délivré le quatre
« décembre mil six cent quatre-vingt treize par le curé de la paroisse
« de Cristot, diocèse de Bayeux, et légalisé le même jour par le
« lieutenant général de Caen ; — 35° Acte d'assemblée, faite devant
« le lieutenant général au baillage de Caen, le vingt-trois septembre
« mil six cent quatre-vingt six, par lequel Marie-Anne de Morant,
« veuve de deffunt Pierre du Buisson, vivant escuïer, seigneur de
« Cristot et patron du d. lieu, a esté esleüe tutrice au d. Pierre-
« Nicolas du Buisson, son fils, de l'advis des parents tant paternels
« que maternels du d. mineur ; — 37° Ordonnance des sieurs
« Commissaires généraux députés par le roy sur le fait des francs-
« fiefs, du six juillet mil six cent quatre-vingt quatorze, par laquelle
« la d. Marie-Anne de Morant, veuve de Pierre du Buisson, escuïer,
« seigneur et patron de Cristot et de Brouay, mère et tutrice de
« Pierre-Nicolas du Buisson, a esté déchargée de la taxe sur elle
« faite pour raison de la d. terre et seigneurie de Cristot et de
« Brouay, etc., etc . . . . . . . . . . . . . . . . . . . . .
« . . . . . . . . . . . . . . . . . . . . . . . . . . . . »

Pages 14 et 15. — « VEU les conclusions du S<sup>r</sup> procureur
« général du roy en la commission ;
« OUY le rapport du S<sup>r</sup> Bignon, conseiller d'Etat, intendant des
« Finances, l'un de Nous et TOUT CONSIDÉRÉ ;

## « NOUS, COMMISSAIRES GÉNÉRAUX SUSDITS,

« EN VERTU DES POUVOIRS A NOUS DONNÉS PAR LE ROY,

« SANS avoir égard à l'Ordonnance du sieur Foucault, du vingt-
« neuf juillet mil six cent quatre-vingt-dix-sept, qui sera mise à
« néant, AVONS DÉCHARGÉ ET DÉCHARGEONS LE SIEUR PIERRE-
« NICOLAS DU BUISSON (SIEUR DE COURSON, SEIGNEUR ET

« PATRON DE CRISTOT ET DE BROUAY) DES CONDAMNATIONS PORTÉES
« PAR ICELLE : — CE FAISANT, LE
« MAINTENONS ET GARDONS,
« SES SUCCESSEURS, ENFANTS ET
« POSTÉRITÉ NAIS ET A NAISTRE, EN
« LA QUALITÉ DE NOBLES ET
« D'ESCUIERS : — ORDONNONS
« QU'ILS JOUIRONT DES HONNEURS,
« PRIVILÉGES ET EXEMPTIONS DONT
« JOUISSENT LES GENTILSHOMMES
« DU ROYAUME, avec deffences à
« toutes personnes de les y troubler,
« tant et si longuement qu'ils ne
« feront acte de dérogeance : — Et,
« pour cet effet, QU'ILS SERONT
« INSCRITS AU CATALOGUE DES
« NOBLES qui sera arresté au Con-
« seil et envoyé dans les baillages
« et élections du royaume, en conséquence de l'arrest du Conseil
« du vingt-deux mars mil six cent soixante-six ; — Luy faisons
« main-levée des saisies et exécutions faites tant sur luy que sur ses
« fermiers, pour raison de la condamnation portée par l'Ordonnance
« du dit sieur Foucault ; — A la représentation et délivrance des
« choses saisies et exécutées seront les gardiens contraints comme
« dépositaires, ce faisant déchargez : — Ordonnons que les sommes
« que le dit Pierre-Nicolas du Buisson et ses fermiers auront payé
« au d. de La Cour de Beauval et ses sous-traittans, sur la d. con-
« damnation, dont il a esté fait recepte dans le compte qu'il a rendu
« de clerc à maistre, arresté le vingt-sept may mil sept cent quatre,
« luy sera rendu et restitué conformément à l'arrest du Conseil du
« dit jour premier juillet mil sept cent quatre.

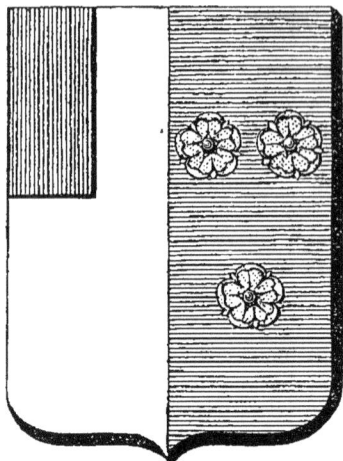

« Fait en l'assemblée des sieurs Commissaires généraux, tenue à
« Paris le vingt-huitième jour d'aoust, l'an de grâce mil sept cent
« quatre. »

———

« Copie collationée sur les registres du Grand Conseil, par Nous,
« greffier du d. Grand Conseil. »

Signature illisible, avec un paraphe.

## Nº 23 (27 OCTOBRE 1708)

« PIERRE AUVRAY, huissier du Roy en sa Cour des Comptes,
« Aydes et Finances de Rouen, paroisse St-Godard, soussigné :
« CERTIFIE que, ce vingt-septième jour d'octobre mil sept cent huit,

« instance de monsieur le procureur général du roy en la dite Cour
« des Comptes, et en vertu de l'arrest d'icelle du 27 septembre der-
« nier, j'ai signifié, dit et déclaré à MESSIRE NICOLAS DU BUISSON,
« ESCUYER, propriétaire du fief, terres et seigneurie de Lebizey....
« *relevant du roy, à cause de sa vicomté de Caen,* en parlant
« à Jean Le Bouette, fermier des terres dépendant du d. fief et
« domicilié dans le manoir seigneurial du d. lieu, demeurant chargé
« de le faire scavoir, qu'il aye à faire incessamment les FOI ET
« HOMMAGE qu'il doit à Sa Majesté à cause du dit fief, AVEU ET
« DÉNOMBREMENT D'ICELUI, et obtenir en la dite Cour arrest de
« dernière main levée, ensemble acquitter les rentes et fruits et en
« représenter quittance, ainsi que du relief et treizième, lui décla-
« rant que, faute de ce faire dans les trois mois de ce jour, mon
« dit sieur procureur général prétend faire procéder à la saisie
« féodalle du d. fief, etc,, etc.

Signé : Auvray; avec un paraphe.

N° 24 (18 JANVIER 1715)

Certificat militaire émané de N..... du Buisson, lieutenant-colonel :

« NOUS, LIEUTENANT-COLONEL, COMMANDANT LE RÉGIMENT D'IN-
« FANTERIE ALLEMANDE DE GUIDES :
     « CERTIFIONS que le nommé Jean Duchaine, sergent de la Com-
« pagnie, etc. . . . . . . . . . . . . . . . . . . . . . .
     « Il nous a requis de luy voulloir accorder le présent certificat
« pour luy servir à le faire entrer à l'hostel royal des Invalides. A
« ces causes, nous n'avons pu luy refuser. — En foy de quoy
« nous l'avons signé de notre main.
     « Fait à Douay, ce dix-huit janvier 1715. »

Signé : Du Buisson.

N° 25 (17 DÉCEMBRE 1715)

Copie d'un acte d'enregistrement, en la Cour des
Comptes, Aides et Finances de Normandie, de Lettres
patentes du roi Louis XIV, portant mainlevée de garde
noble :

« VEU PAR LA COUR DES COMPTES, AIDES ET FINANCES DE NOR-
« MANDIE, au bureau des Comptes, les Lettres patentes données le
« vingt et unième jour d'août dernier, par les quelles Sa Majesté

« mande àsa d. cour que, sy luy apert que PIERRE-NICOLAS DU
« BUISSON, ESCUYER, SIEUR ET PATRON DE CRISTOT ET DE BROUAY,
« tombé en GARDE NOBLE par le déceds de PIERRE DU BUISSON,
« ESCUYER, SEIGNEUR DES DITS LIEUX, SON PÈRE, dont sa d. Majesté
« aurait fait don à MARIE-ANNE DE MORANT, SA MÈRE, par Lettres
« patentes du 31 aoust 1694, ait atteint l'âge de sa majorité et soit
« capable de gérer et gouverner ses biens et revenus ; en ce cas,
« ouy, sur ce, son procureur général, elle ait à luy en bailler et
« laisser l'entière disposition, et luy faire main levée des saisies,
« fruicts et amendes, sy aucunes sont dueus, à cause de la dite
« garde noble ; — Coppie collationnée des d. Lettres de don de
« garde noble et extrait baptistaire du d. du Buisson, du vingt-neuf
« juin 1684, attachés sous le contre-scel des d. Lettres ; — Re-
« queste présentée à la dite Cour, tant par le dit du Buisson que
« par Jean-Pierre Néel, advocat au Parlement, ayant acquis d'ice-
« luy du Buisson le fief de Lebizey, par contrat du 4 octobre mil
« sept cent quatorze, aux fins de l'enregistrement des d. Lettres ;
« — Arrest rendu sur la d. requeste, qui y ordonne la communi-
« cation au procureur général du roy ; — Conclusions de l'advocat
« général, pour le d. procureur general ; — Ouy le raport du
« sieur Vauchelle, conseiller commissaire, et tout considéré ;
« LA COUR a ordonné et ordonne les dites Lettres de main
« levée de garde noble estre enregistrées sur les registres d'icelle,
« pour estre exécutées en leur forme et teneur.
« Fait à Rouen, ce dix-septiesme jour de décembre, mil sept
« cent quinze. »

« Extrait collationné des registres de la ditte Cour. »

Signé : *Deson ;* avec un paraphe.

### N° 26 (1er JANVIER 1734)

Commission de lieutenant dans le bataillon de milice d'Artois, accordée à messire Guillaume-Nicolas du Buisson de Cristot-Courson, âgé alors de 17 ans.

« CAPITAINE BEAULINCOURT DE MARNE, Ayant donné à DU BUISSON
« DE CRISTOT la charge de LIEUTENANT en la Compagnie que vous
« commandez, dans le bataillon de milice de Gérin de la Neuville,
« de ma province d'Artois, JE vous écris cette lettre pour vous dire
« que vous ayez à le recevoir et à le faire reconnaistre en la dite
« charge de tous ceux et ainsy qu'il appartiendra. La présente
« n'étant pour autre fin, je prie Dieu qu'il vous ait en sa sainte
« garde.

« Ecrit à Versailles le premier ɔjanvier, l'an de grâce mil sept
« cent trente-quatre. »

Signé : LOUIS. (Louis XV.)

N° 27 (25 octobre 1735)

Certificat militaire constatant que Pierre-Nicolas du
Buisson, sieur de Cristot-Courson, se distingua en Bavière
dans la campagne de 1704.

« NOUS, LÉON DE MADAILLAN DE LESPARE, COMTE DE LASSAY,
« certifions que le SIEUR DE CHRISTOT, GENTILHOMME DE NORMANDIE,
« est entré après la campagne de 1703 dans le régiment d'infante-
« rie que nous commandions alors, en qualité d'ENSEIGNE DE LA
« LIEUTENANCE-COLONELLE, qu'il fit la campagne de 1704 en Bavière,
» où il fut fait prisonnier à la bataille d'HOCHSTET, *après y avoir*
« *donné des marques de valeur et de bonne conduitte,* et
« qu'en conséquence il est resté près de 8 ans prisonnier en Alle-
« magne. En foy de quoy, nous lui avons délivré le présent pour
« luy servir ce que de raison.

« Fait à Fontainebleau, ce vingt-cinq octobre mil sept cent
« trente-cinq. »

Signé : *Lassay;* avec un sceau en cire rouge aux armes de ce
colonel.

N° 28 (18 mai 1748)

Brevet accordé au sieur du Buisson de Cristot-Courson
(Guillaume-Nicolas), pour la place de capitaine ayde-major
dans le bataillon garde-côte de Caen.

« AUJOURD'HUI dix-huit du mois de may mil sept cent quarante-
« huit, LE ROY étant à Versailles, Sa Majesté ayant jugé à propos
« de faire assembler sur la côte, pendant la campagne de la présente
« année, divers bataillons tirés des milices gardes-côtes, et voulant
« nommer un *officier capable* pour la place de capitaine ayde-
« major du bataillon garde-côte de Caen, en sa province de Norman-
« die, sur les bons témoignages qui ont été rendus en faveur du
« SIEUR DE COURSON, elle l'a nommé et commis, nomme et commet
« pour CAPITAINE AYDE-MAJOR DU D. BATAILLON GARDE-CÔTE DE
« CAEN, pour la campagne de la présente année, et aux appointe-
« ments, autoritez, prérogatives accordez par les états que Sa
« Majesté a fait régler à cet effet. Mande Sa Majesté au Sr de

« Moncan, maréchal de camp de ses armées, commandant général
« en sa province de Normandie, de faire reconnaître le dit sieur
« de Courson en la dite qualité de capitaine ayde-major du bataillon
« garde-côte de Caen et, pour témoignage de sa volonté, Sa Majesté
« m'a commandé de lui expédier le présent Brevet qu'Elle a voulu
« signer de sa main et être contresigné par moy, son conseiller
« secrétaire d'Etat et de ses commandements et finances. »

Signé : LOUIS.

Contresigné : PHÉLIPPEAUX.

### Nᵒ 29 (26 AOUT 1748)

Lettre de messire Marc-Pierre Voyer, comte d'Argenson, alors ministre de la guerre, à Pierre-Nicolas du Buisson de Cristot, pour lui annoncer sa nomination de chevalier de St-Louis :

« A Versailles, le 26 aoust 1748.

« Le roy, ayant bien voulu, monsieur, sur le compte que je luy
« ay rendu de vos services, vous accorder une place de chevalier
« dans l'ordre de St-Louis, je vous en donne avis avec plaisir et
« suis, monsieur, votre très affectionné serviteur.

Signé : *M. P. V. d'Argenson.*

Au bas de la lettre est écrit :

« A monsieur de Christot, capitaine commandant des grenadiers
« du bataillon de Caen. »

### Nᵒ 30 (17 FÉVRIER 1749)

Brevet de nomination de chevalier de St-Louis, délivré à messire Pierre-Nicolas du Buisson de Courson, seigneur de Cristot :

« MONSIEUR DE CHRISTOT, la satisfaction que j'ay de vos services
« m'ayant convié à vous associer à l'ordre militaire de St-Louis, je
« vous écris cette lettre pour vous dire que j'ay commis le sieur de
« La Villette, major du château de ma ville de Caen et chevalier du
« dit Ordre, pour, en mon nom, vous recevoir et admettre à la

17

« dignité de CHEVALIER DE ST-LOUIS, et mon intention est que vous
« vous adressiez à luy pour prêter en ses mains le serment que vous
« êtes tenu de faire en la d. qualité de chevalier du d. Ordre et
« recevoir de luy l'ACCOLADE et la CROIX, que vous devez dorésnavant
« porter sur l'estomac, attachée d'un petit ruban couleur de feu ;
« voulant, qu'après cette réception faite, vous teniez rang entre les
« autres chevaliers du d. Ordre et jouissiez des honneurs qui y
« sont attachés. — Et la présente n'estant pour autre fin, je prie
« Dieu qu'il vous ait, monsieur de Christot, en sa sainte garde.
    « Ecrit à Versailles, le 17 février mil sept cent quarante-neuf. »

Signé : LOUIS.
Contresigné : M. P. VOYER D'ARGENSON.

Nᵒ 31 (28 NOVEMBRE 1753)

Sentence du bailliage et siégep résidial de Caen, condam-
nant le sieur Seigle, curé de Cristot, à avoir un vicaire et
à diverses obligations.

Copie par extrait :

« DEVANT NOUS, FRANÇOIS-GABRIEL-AIMÉ DUMOUSTIER, chevalier,
« seigneur et patron de Canchy, conseiller du roy, lieutenant géné-
« ral au bailliage et siége présidial de Caen, le mercredy, vingt-huit
« novembre mil sept cent cinquante-trois.....
    « Entre PIERRE-NICOLAS DU BUISSON, ESCUYER, SEIGNEUR ET
« PATRON DE CHRISTOT, CHEVALIER DE L'ORDRE ROYAL ET MILITAIRE
« DE ST-LOUIS, COMMANDANT DU BATAILLON DE CAEN, dame Mar-
« guerite Ruel, etc . . . . . . . . . . . . . . . . .
    « Contre maître LOUIS SEIGLE, curé de la paroisse de Christot...,
« aux fins de faire condamner le dit Seigle à avoir un *vicaire*, rési-
« dant dans la dite paroisse, pour dire la Messe les fêtes et diman-
« ches et remplir les autres fonctions de vicaire, veu que, dans tous
« les temps, il y en eut un dans la dite paroisse, le tout avec des-
« pens, etc. . . . . . . . . . . . . . . . . . . . . . »

Pages 7 et 8. — « NOUS AVONS, de l'advis du Conseil, ordonné
« que le sieur Seigle sera tenu d'avoir un vicaire résidant dans la
« paroisse de Christot, et dont il paiera l'honoraire, l'avons condamné
« aux despens envers le sieur de Christot et joints, jusqu'au jour
« de son obéissance, ordonné pareillement que le d. sieur Seigle
« sera tenu de dénommer au sieur de Christot six paroissiens qui
« entreront dans le chœur, festes et dimanches, pendant le service
« divin, pour chanter, etc., etc., les despens, adjugés au dit sieur

« du Buisson, taxés à la somme de trente livres, non compris les
« droits réservés au proffit du roy et le sceau. SY DONNONS EN
« MANDEMENT, etc., etc. »

N° 32 (1ᵉʳ AVRIL 1794)

Brevet de lieutenant, accordé à messire Dominique-Nicolas du Buisson de Cristot-Courson, sur la proposition de son grand-père.

« CAPITAINE CHRISTOT, Ayant donné à DOMINIQUE-NICOLAS DU
« BUISSON DE COURSON la charge de LIEUTENANT en la compagnie de
« Champvallon, dans le bataillon de milice de ma généralité de
« Caen, vacante par le changement de Le Danois à la lieutenance
« des grenadiers postiches du d. bataillon, je vous écris cette lettre,
« etc., etc.

« Ecrit à Versailles, le premier avril mil sept cent cinquante-
« quatre. »

Signé : LOUIS ; avec le sceau royal.

Contresigné : M. P. VOYER D'ARGENSON.

Au dos du brevet est écrit :

« Au capitaine Christot, commandant du bataillon de milice de
« ma généralité de Caen. »

N° 33 (30 DÉCEMBRE 1757)

Lettre *autographe* de René Voyer d'Argenson, marquis de Paulmy, ministre de la guerre, à messire Pierre-Nicolas du Buisson de Cristot-Courson :

« A Versailles, le 30 décembre 1757.

« LE ROY ayant bien voulu, monsieur, sur le compte que je luy
« ay rendu de vos services et de l'impossibilité où vous estes de les
« continuer, vous accorder une pension de retraite de *cinq cents*
« *livres* sur le trésor royal, je vous en donne avis et suis, mon-
« sieur, votre très dévoué serviteur. »

Signé : *R. de Paulmy*.

Au bas est écrit :

« Au sieur de Christot, commandant le bataillon de milice de
« Caen. »

Certificat militaire de noblesse, délivré par le lieutenant des maréchaux de France au bailliage de Caen.

« BERNARD-HYPPOLITE TOUSSAINT DE VENOIX, CHEVALIER D'ANC-
« TOVILLE, ancien capitaine du régiment de Berry, chevalier de
« l'Ordre royal et militaire de St-Louis, lieutenant de nosseigneurs
« les maréchaux de France au bailliage de Caen, ET LES GENTILS-
« HOMMES SOUSSIGNÉS :

« ATTESTONS à tous qu'il appartiendra que DOMINIQUE-
« NICOLAS DU BUISSON DE COURSON, ANCIEN GARDE DU CORPS DU
« ROY, fils de GUILLAUME-NICOLAS DU BUISSON DE COURSON, ÉCUYER,
« SEIGNEUR DE CRISTOT, COMMANDANT LES MILICES DE LA CAPITAI-
« NERIE DE BERNIÈRES, et de dame Catherine-Louise-Henriette des
« Planches, est BON GENTILHOMME ET D'UNE RACE TRÈS ANCIENNE,
« ce que nous attestons véritable, et en foy de quoy nous avons signé
« le présent, ainsi que les gentilshommes soussignez, et fait con-
« tresigner par notre secrétaire.

« Donné en notre château d'Anctoville, le vingt-quatre d'octo-
« bre mil sept cent soixante-seize. »

(Cinq signatures.) — Signé : *Foucher de Béneauville ; Gilles de Calménil ; de Longueval ; Le chevalier de Chichebouville ; Venoix, chevalier d'Anctoville.*

« PAR M. LE LIEUTENANT :

Contresigné : *Dast ;* avec un paraphe.

En tête de la pièce figurent les armes de France et au bas, sur une empreinte en cire rouge, les armes du cheva-lier d'Anctoville.

Attestation du recteur et de l'Université de Caen, scel-lée du grand sceau universitaire, à tous les prélats de France, constatant que maître Pierre-Louis-Guillaume du Buisson de Courson, fils puîné de Guillaume-Nicolas du Buisson, seigneur et patron de Cristot, réunit toutes les conditions d'aptitude requises pour obtenir un Bénéfice ecclésiastique :

« ILLUSTRISSIMIS AC REVERENDISSIMIS IN CHRISTO PATRIBUS
« DOMINIS ARCHIEPISCOPIS ET EPISCOPIS, VENERABILIBUS DECANIS,
« CAPITULIS, ETC., ETC.

(Suit une longue énumération des hauts dignitaires du clergé.)

« RECTOR ET UNIVERSITAS géneralis studii Cadomensis, SALUTEM
« IN DOMINO. Quoniam per Ecclesiasticas Sanctiones sacraque
« Concilia, Decreta et Concordota inter summum Pontificem et
« christianissimum Francorum regem celebrata ordinatum fuit,
« aliquam partem Beneficiorum ecclesiasticorum viris graduatis et
« qualificatis, qui potissimùm in Academiis resident, esse confe-
« rendam. Nostra autem Cadomensis Universitas pluribus ejus-
« modi viris referta est, qui licet multos annos in studio et bonarum
« Artium professione contriverint, mediocri tamen, pro qualitate
« suorum laborum, sunt provisione dotati. In quorum numero
« censeri debet magister PETRUS LUDOVICUS GUILHELMUS DU BUIS-
« SON DE COURSON, diaconus Cadomœus, natus annos viginti tres et
« amplius, in Artibus magister : quocircà nos, ad eadem Concilia,
« Decreta et Concordata recursum habentes, magnà spe inducti et
« solità freti benevolentià quam in nos virosque litteratos hactenùs
« maximam exhibuistis, præfatum magistrum du Buisson de Cour-
« son in dictà nostrà Universitate debitè qualificatum graduatum
« nominavimus, harumque serie litterarum vobis præsentamus, vos
« et quembibet vestrùm obnixè precantes quatenùs eidem domino
« du Buisson de Courson præsentato nostro, tùm intuitu temporis
« studii ab eo per quinquennium completum absoluti, tùm in vim
« gradùs quem honorificè obtinuit, nostræque hujus nominationis,
« de aliquo Beneficio ecclesiastico, cum curà et sine curà, etiamsi
« parochialis ecclesia, vel ejus perpetua vicaria sit Præbendæ di-
« gnitas, Personatus, Officium, Administratio, etc., etc. . . . . .
« . . . . . . . . . . . . . . . . . . . . . . . . . .
« In quorum omnium fidem legitimumque testimonium, has
« ipsi Litteras, per regis consiliarium, generalem Universitatis et
« Facultatum scribam secretarium expediri, easque ipsius chiro-
« grapho atque duobus sigillis ejusdem Universitatis communiri et
« approbari fecimus.
« Datum Cadomi, in nostrà congregatione generali, pro jure
« nominationum, ut moris est, apud Franciscanos indictà et cele-
« bratà, anno Domini millesimo septingentesimo septuagesimo sex-
« to, die verè vigesimà octovà februarii. »

Signé : *Bunel;* avec un paraphe.

Le sceau, fait sur un ruban de soie rouge et attaché dans une capsule de fer-blanc, est parfaitement conservé.

« CY SONT TROIS LOTS ET PARTAGES DES SUCCESSIONS IMMOBILIÈRES
« DE MESSIRE GUILLAUME-NICOLAS DU BUISSON DE COURSON, CHEVA-
« LIER, SEIGNEUR ET PATRON DE CHRISTOT, CAPITAINE GÉNÉRAL DES
« MILICES GARDES-CÔTES DE LA CAPITAINERIE DE BERNIÈRES, ET DE
« NOBLE DAME CATHERINE-LOUISE DES PLANCHES D'HÉROUVILLE, que
« présente à messires DOMINIQUE-NICOLAS DU BUISSON DE COURSON,
« et JEAN-LOUIS-ANTOINE DU BUISSON, CHEVALIER DE COURSON,
« officiers de cavalerie, fils aînés du dit seigneur de Christot, noble
« et discrette personne messire PIERRE-LOUIS-GUILLAUME DU BUISSON
« DE COURSON, prêtre, bachelier en théologie, curé de Port-en-Bessin,
« leur frère puîné, pour par eux choisir chacun un des dits lots et
« l'autre rester, par non choix, au dit puîné ; etc . . . . . . . »

Enumération des lots : dans le premier se trouve la
terre de Cristot ; dans le second, la terre des Planches
sur Amblie, avec les carrières d'Orival ; le troisième se
compose de rentes et de divers morceaux de terre.

Dispositif : page 10. — « AUJOURD'HUI, vingt et un septembre
« mil sept cent quatre-vingts, etc. . . . . . . . . . . . . . .
« . . . . . . . . . . . . . . . . . . . . . . . . . . .
« Et de suite procédant à la choisie d'iceux lots, messire Domini-
« nique-Nicolas du Buisson de Courson, aîné, a déclaré prendre et
« choisir le deuxième lot ; messire Jean-Louis-Antoine du Buisson,
« chevalier de Courson, a déclaré prendre et choisir le premier
« lot ; au moyen de quoi le troisième lot est demeuré, par non choix,
« à messire Pierre-Louis-Guillaume du Buisson de Courson, pres-
« tre, puîné ; ce qu'ils ont signé après lecture.
« Fait et arresté au jour et an susdits. »

Signé : *du Buisson de Courson ; du Buisson, chevalier de*
*Courson ; du Buisson de Courson, prestre.*

## § 3. — EXTRAITS

**Des anciens registres de l'État civil des paroisses de Cristot, d'Amblie, et autres, intéressant la famille du Buisson de Courson-Cristot.**

ACTES CONCERNANT CLAUDE II DU BUISSON DE CRISTOT (\*)

### N° 1 (27 JANVIER 1631)

Acte de baptême, en l'église de Cristot, de Philippine du Buisson, fille de Claude du Buisson de Cristot et d'Anne Lamendey.

« Le vingt-septiesme jour de janvier mil six cent trente-un, fut
« baptisée UNE FILLE, née du mariage de NOBLE PERSONNE CLAUDE
« DU BUISSON, SEIGNEUR DE CHRISTOT, et de DAMOISELLE ANNE
« LAMENDEY, sa femme, et nommée PHILIPPINE par Philippine, fille
« de deffunct N . . . . ; pour son parrain, Jean Lamendey, sieur
« des Pallières. »

Signé : *G. Duval,* prestre de Christot.

### N° 2 (15 DÉCEMBRE 1637)

Acte de baptême, en l'église de Cristot, de Jean-Baptiste du Buisson, fils puîné de Claude et d'Anne Lamendey.

« Le quinziesme jour de décembre mil six cent trente-sept, UN
« FILS, né du mariage de NOBLE PERSONNE CLAUDE DU BUISSON,
« SEIGNEUR DE CHRISTOT, et de DAMOISELLE ANNE LAMENDEY, sa
« femme, et nommé JEAN-BAPTISTE par noble homme Jean-Baptiste
« La Motte, seigneur de Juvigny et autres lieux, et par sa marraine

(\*) On n'a pu retrouver l'acte de baptême de son fils aîné, Pierre II du Buisson de Cristot, né en 1628, ainsi qu'il conste de son acte de sépulture, soit au manoir de Cristot, soit plutôt en la paroisse St-Pierre de Caen.

« damoiselle Marie N....., mère du seigneur des Pallières ;
« lequel avait esté baptisé sans nom par moi Gilles Duval, prestre
« de Christot, le quinziesme jour de novembre mil six cent trente-
« cinq. »

Signé : G. Duval.

N° 3 (24 AVRIL 1639)

Acte de décès, au manoir seigneurial de Cristot, de
dame Anne Lamendey, première femme de Claude II du
Buisson et mère de Pierre II du Buisson de Cristot, l'aîné
de ses fils :

« Le vingt-quatriesme jour d'avril mil six cent trente-neuf, dé-
« céda NOBLE DAMOISELLE ANNE LAMENDEY, femme de NOBLE
« HOMME CLAUDE DU BUISSON, SEIGNEUR ET PATRON DE CHRISTOT
« ET BROUAY, ayant reçu les saints sacrements de nostre mère
« Saincte Eglise.
« Requiescat in pace.
« Or le dit jour estait la feste de la grande Pasques.

Signé : G. Duval, prestre de Christot.

N° 4 (26 AVRIL 1641)

Acte de baptême de Marie du Buisson, fille de Claude
du Buisson de Cristot et de Françoise de Poilvillain, sa
seconde femme. Cette Marie du Buisson épousa en 1658
messire Couespel, sieur du Mesnil-Patry :

« Le vendredy vingt-sixiesme jour d'avril mil six cent quarante-
« un, fut baptisé UNE FILLE sans nom (Marie), âgée de seize jours et
« née du mariage de NOBLE PERSONNE CLAUDE DU BUISSON, SEIGNEUR
« ET PATRON DE CHRISTOT ET BROUAY, et de NOBLE DAMOISELLE
« FRANÇOISE DE POILVILLAIN, son espouse. »

Signé : G. Duval, prestre de Christot.

NOTA. — Il n'est pas possible de donner les actes de
sépulture de Claude du Buisson et de Françoise de Poilvillain, sa seconde femme, décédés l'un et l'autre en l'année
1679 ; les registres de la paroisse de Cristot présentent
une lacune de 1672 à 1680.

FILIATION DES AINÉS EN LIGNE MASCULINE, DE 1680 A 1830.

N° 5 (29 JUIN - 2 JUILLET 1684)

Acte de baptême, en l'église de Cristot, de Pierre-Nicolas du Buisson de Cristot-Courson :

« UN FILS, né le vingt-neufvièsme juin mil six cent quatre-vingt-
« quatre, du légitime mariage de PIERRE DU BUISSON, ESCUYER,
« SEIGNEUR ET PATRON DE CRISTOT ET DE BROUAY, et de NOBLE DAME
« MARIE-ANNE DE MORANT, a esté baptisé en l'église de Cristot, le
« deuxiesme juillet du dit an, par moi Thomas Huet, prestre, curé
« de la dite paroisse, et nommé PIERRE–NICOLAS par noble dame
« Jeanne Fhiment, assistée de messire Nicolas-Claude Morant,
» chevalier, seigneur et baron de Courseulles ; présence de maistre
« Guillaume Le Tellier, prestre, Georges et Jean Couespel, et plu-
« sieurs autres témoins ; présence aussi du dit Pierre du Buisson,
« père. »

Signé : *Morant de Courseulles ; Jeanne Fhiment : P. du Buisson ; Morant d'Esterville ; J. Couespel ; Le Tellier ; Huet.*

N° 6 (4-5 FÉVRIER 1686)

Acte de sépulture, dans le chœur de l'église de Cristot, de Pierre II du Buisson de Cristot, père du précédent :

« PIERRE DU BUISSON, ESCUYER, SEIGNEUR ET PATRON DE CRISTOT
« ET DE BROUAY, âgé de cinquante-huit ans environ, est décédé le
« quatriesme jour de febvrier mil six cent quatre-vingt-six, et SON
« CORPS A ESTÉ INHUMÉ DANS L'ÉGLISE DE CRISTOT, le cinquiesme du
« dit mois et an, par moi Thomas Huet, prestre, curé de la dite
« paroisse ; présence de maistre Guillaume Le Tellier, prestre,
« André du Vernay, escuyer, Thomas Morand, escuyer, seigneur
« d'Esterville, Jacques Allain, escuyer, seigneur de la Bertinière,
« Thomas Le Tellier, Pierre Bouët et plusieurs autres témoins. »

Signé : *Huet.*

18

N° 7 (6-7 NOVEMBRE 1695)

Acte de sépulture, dans le chœur de l'église de Cristot, de Marie-Anne de Morant, seconde femme de Pierre II du Buisson de Cristot-Courson :

« Le lundy, septiesme jour de novembre mil six cent quatre-
« vingt-quinze, NOBLE DAME MARIE-ANNE DE MORANT, veuve de
« PIERRE DU BUISSON, vivant ESCUYER, SEIGNEUR ET PATRON DE
« CRISTOT ET DE BROUAY, âgée de trente-sept ans environ, décédée le
« six du dit mois et an, après avoir reçu les sacrements de l'Eglise,
« A ESTÉ INHUMÉE DANS L'ÉGLISE du dit lieu de Christot par moi
« Thomas Huet, prestre, curé de la dite paroisse, en présence de
« maistre Guillaume Le Tellier, prestre, obitier en la dite église,
« Thomas Le Tellier, Philippe de La Motte, Pierre Le François et
« et plusieurs autres. »

Signé : Huet, curé de Christot.

N° 8 (29-31 JUILLET 1717)

Acte de baptême, en l'église de Cristot, de Guillaume-Nicolas du Buisson de Courson-Cristot :

« Le dernier jour de juillet mil sept cent dix-sept, UN FILS, né le
« vingt-neuf, du mariage de MESSIRE PIERRE-NICOLAS DU BUISSON,
« ESCUYER, SEIGNEUR ET PATRON DE CRISTOT, et de NOBLE DAME
« MARIE-ANNE DE FRIBOURG (ZUR-LAUBEN), a esté baptisé en l'église
« du dit lieu de Cristot par moi Thomas Huet, prestre, curé de la
« dite paroisse, et nommé GUILLAUME-NICOLAS par Guillaume de
« Pont, escuyer, assisté de noble dame Agnès-Yves de St-Prest,
« épouse de messire Nicolas de Morant, escuyer, seigneur et patron
« d'Esterville, lesquels ont signé avec nous. »

Signé : Agnès-Yves de St-Prest ; Morant ; de Pont ; Huet.

N° 9 (8 JANVIER 1745)

Acte de baptême, en l'église de Cristot, d'un enfant auquel servit de parrain Guillaume-Nicolas du Buisson de Courson-Cristot :

« Le huitiesme jour de janvier mil sept cent quarante-cinq,
« a esté par nous Louis Seigle, curé de Cristot, baptisé un fils, né

« du jour d'hier, du mariage de N..... et de Marie-Anne La-
« mendé, nommé Guillaume-Marin-Cyprien par MESSIRE GUILLAUME-
« NICOLAS DU BUISSON, SEIGNEUR DE COURSON, fils de MESSIRE
« PIERRE-NICOLAS DU BUISSON, SEIGNEUR ET PATRON DE CRISTOT ET
« AUTRES LIEUX, assisté de noble dame Marie-Anne-Catherine Picquet,
« épouse de messire Jean-Pierre Néel, seigneur et patron de Ton-
« tuy, Ficquefleur, La Pommeraye, Bonnœuil, Genneville, St-
« Crystophe et autres lieux, conseiller du roi, maître ordinaire en
« sa Cour des Comptes, Aydes et Finances de Normandie, ses
« parrain et marraine, lesquels ont signé. »

Signé : *Marie-Anne-Catherine de Picquet ; de Courson ;
L. Seigle.*

### Nº 10 (26-27 JUILLET 1764)

Acte de sépulture, dans le chœur de l'église de Cristot,
de Pierre-Nicolas du Buisson de Cristot, père de Guillaume-Nicolas :

« Ce vingt-sept juillet mil sept cent soixante-quatre, A ESTÉ
« INHUMÉ DANS L'ÉGLISE de cette paroisse (Cristot) le corps de NOBLE
« HOMME MESSIRE PIERRE-NICOLAS DU BUISSON, SEIGNEUR ET PATRON
« DE CHRISTOT, ANCIEN COMMANDANT DU BATAILLON DE MILICE DE
« CAEN, CHEVALIER DE L'ORDRE ROYAL ET MILITAIRE DE ST-LOUIS,
« âgé de soixante-dix-neuf ans viron, décédé d'hier ; la quelle
« inhumation a esté faite par M. le curé de Tilly, présence de
« MM. Brisset, curé de St-Martin, Cochon de la Rivière, curé de
« Juvigny, Le Vavasseur, curé d'Audrieu, Le Harivel, curé du
« Mesnil-Patry, Le Coutour, curé de Christot, et autres. »

Signé : *J. Brisset ; Le Vavasseur ; Le Harivel ; Langlois.*

### Nº 11 (11 NOVEMBRE 1773)

Acte de sépulture, dans le chœur de l'église de Cristot,
de Marie-Anne de Fribourg-Zur-Lauben, femme du précédent :

« Le onziesme jour de novembre mil sept cent soixante-treize,
« A ESTÉ INHUMÉ DANS CETTE ÉGLISE (Cristot) le corps de NOBLE
« DAME MARIE-ANNE DE FRIBOURG (ZUR-LAUBEN), veuve de MESSIRE
« PIERRE-NICOLAS DU BUISSON, SEIGNEUR ET PATRON DE CHRISTOT,
« âgée de quatre-vingt-huit ans six mois, munie des sacrements de
« l'Eglise. La dite inhumation faite par discrète personne maistre

« Pierre Langlois, curé de Loucelles, présence de MM. Le Vavas-
« seur et Malandrin, curés d'Audrieu, Le Harivel, curé du Mesnil-
« Patry, Jehanne, curé de Brouay, Le Coutour, curé de Christot,
« et autres qui ont signé. »

Signé : *Le Vavasseur ; Jehanne ; Marc,* curé de Fontenay ;
*Malandrin ; Dangereux,* prêtre ; *Le Coutour ; Langin,* vicaire
de Christot ; *Viel ; Langlois.*

N° 12 (20-22 FÉVRIER 1744)

Acte de baptême, en l'église d'Amblie, de Dominique-
Nicolas du Buisson de Courson-Cristot :

« Le samedi, vingt-deux février mil sept cent quarante-quatre,
« j'ai, prêtre soussigné, par la permission et du consentement de
« M. le curé, baptisé UN FILS, né du vingt du même mois, du légiti-
« me mariage de GUILLAUME-NICOLAS DU BUISSON, ESCUYER, SIEUR
« DE COURSON DE CRISTOT, et de DAME CATHERINE-LOUISE-HENRIETTE
« DES PLANCHES, ses père et mère, lequel a été nommé DOMINIQUE-
« NICOLAS par Dominique Préda, écuyer, capitaine au régiment
« Royal Ittalien, et par noble demoiselle Catherine-Magdeleine de
« Gouville, parrain et marraine : présence de Guillaume Noury,
« Michel Porée et autres. »

Signé : *Préda ; de Gouville ; M. Porée ; G. Noury ; M. Vauquelin ; M. Noël.*

N° 13 (16-17 OCTOBRE 1779)

Acte de sépulture, dans le cimetière d'Amblie, de Guillaume-Nicolas du Buisson de Courson-Cristot, père du
précédent :

« Ce dimanche, dix-sept octobre mil sept cent soixante-dix-neuf,
« le corps de NOBLE HOMME GUILLAUME-NICOLAS DU BUISSON DE
« COURSON, SEIGNEUR DE CRISTOT, ANCIEN CAPITAINE GÉNÉRAL DE
« LA COSTE, décédé d'hier dans la nuit, muni de l'absolution, étant
« âgé de soixante-quatre ans viron, a été inhumé dans le cimetière
« de ce lieu (Amblie), proche la Croix, côté du couchant, par
« monsieur Collet, curé de Lantheuil et doyen de Creully, après
« les vêpres, en présence de messieurs les curés de Banville,
« Reviers, Fontaine, Than et plusieurs autres soussignés. »

Signé : *Collet,* curé de Lantheuil ; *Colleville,* curé de Reviers ;
*Frémanger,* curé de Than ; *Le Monnier,* curé d'Amblie ; *Le Court.*

Acte de mariage, au château de Ste-Croix-Grand-Tonne, de Dominique-Nicolas du Buisson de Courson–Cristot, fils aîné du précédent :

« Aujourd'hui mardi, vingt et unième jour de mai mil sept cent « quatre–vingt-un, après la publication d'un ban du futur mariage, « entre MESSIRE DOMINIQUE–NICOLAS DU BUISSON DE COURSON, « ancien officier de cavalerie, fils majeur de feu GUILLAUME-NICOLAS « DU BUISSON DE CHRISTOT, SEIGNEUR ET PATRON DE CHRISTOT, « ancien officier d'infanterie, et de feu NOBLE DAME CATHERINE- « LOUISE DES PLANCHES D'HÉROUVILLE, ses père et mère, d'une « part, de la paroisse d'Amblie, et NOBLE DEMOISELLE MARIE- « LOUISE–ÉLISABETH–GENEVIÈVE DE SCELLES DE PRÉVALON, fille de « messire Thomas de Scelles de Prévalon, chevalier de l'Ordre « royal et militaire de St-Louis, seigneur de Maillot, et de noble « dame Elisabeth de la Rivière, ses père et mère, d'autre part, de « la paroisse de Ste–Croix-Grand-Thonne, publication faite le vingt- « sept avril de la présente année, sans opposition ni empêchement, « au prône des messes paroissiales d'Amblie et de Ste-Croix-Grand- « Thonne, les parties ayant obtenu dispense des deux autres bans, « de monseigneur l'évêque de Bayeux, la dite dispense en date du « 28 avril de la présente année, signée Pradelle, vicaire général « du diocèse, et Le Moussu, vice–secrétaire, registrée au greffe des « insinuations et contrôles ecclésiastiques, signé Paysant ; JE SOUS- « signé PIERRE–LOUIS-GUILLAUME DU BUISSON DE COURSON, frère du « futur époux, prêtre, bachelier en théologie et curé de la paroisse « de Port-en-Bessin, après la célébration des fiançailles ayant « immédiatement précédé le mariage par permission de mon dit « seigneur évêque, AI REÇU, en présence et du consentement de « maître Jean-Louis Désaunès, curé de la dite paroisse de Ste- « Croix-Grand-Thonne, *en la chapelle du château du dit lieu,* « par permission de mon dit seigneur évêque datée de la même « année, LEUR MUTUEL CONSENTEMENT DE MARIAGE, célébré la sainte « Messe et LEUR AI DONNÉ LA BÉNÉDICTION NUPTIALE selon les céré- « monies de l'Eglise, en présence de messire Thomas de Prévalon « et de son consentement, et de noble dame Elisabeth de La Rivière, « père et mère de la dite épouse, de messire Gabriel des Planches, « chevalier de l'Ordre royal et militaire de St-Louis, d'Armande « Le Metaër des Planches, de Catherine Darclais, de Jacques- « François, chevalier de Prévalon, frère de la dite épouse, de Jean- « Louis-Antoine, chevalier de Courson, frère de l'époux, d'Armande « Léonard, de Marie-Elisabeth, sœur de la dite épouse, et de

« maître Jean de Than, curé de Creully, parents et amis qui ont
« signé. »

Signé : *De Scelles de Prévalon ; du Buisson de Courson ;
de La Rivière Prévalon ; de Scelles de Prévalon ; du Buisson,
chevalier de Courson ; Le Métaër des Planches ; Darclais ;
Armande Léonard ; de Than,* curé de Creully ; *Marie-Elisabeth
de Scelles de Prévalon; H. Désaunès,* curé de Ste-Croix ; *de
Courson,* curé de Port-en-Bessin.

### N° 15 (16-18 sepembre 1783)

Acte de baptême, en l'église d'Amblie, de Ange-Casimir
du Buisson de Courson, fils du précédent :

« Le dix-huit septembre mil sept cent quatre-vingt-trois, a été
« par moi Pierre Jamet, prêtre, vicaire de la paroisse de Colom-
« biers-sur-Seulles, du consentement et à la prière de monsieur Le
« Monnier, curé d'Amblie, représenté par monsieur Lefort, son
« vicaire soussigné, baptisé UN FILS, né le seize de ce mois, du légi-
« time mariage de MESSIRE DOMINIQUE-NICOLAS DU BUISSON, SIEUR DE
« COURSON, ancien officier de cavalerie, et de NOBLE DAME MARIE-
« LOUISE-ELISABETH-GENEVIÈVE DE SCELLES DE PRÉVALON, son
« épouse, de la paroisse d'Amblie, hameau des Planches ; le quel a
« été nommé ANGE-CASIMIR par dame Angélique Brion, veuve de
« messire Urbain des Planches de Cloville, de la dite paroisse
« d'Amblie, assistée de messire Thomas de Scelles de Prévalon,
« chevalier de l'Ordre royal et militaire de St-Louis, seigneur de
« Maillot et de Ste-Croix-Grand-Tonne, parrain et marraine.
« Témoins, avec moi, demoiselle Marie-Jeanne-Charlotte des Plan-
« ches et messire François de Bancs, chevalier de l'Ordre royal et
« militaire de St-Louis, soussignés, le père absent. »

Signé : *De Scelles de Prévalon ; Angélique Brion ; de Cloville des Planches ; de Bancs ; Lefort,* prêtre ; *Jamet,* prêtre.

### N° 16 (27 mai 1793)

Acte de décès à Amblie, et inhumation à Colombiers-
sur-Seulles, de Dominique-Nicolas du Buisson de Courson, père du précédent :

« Aujourd'hui, vingt-sept de mai mil sept cent quatre-vingt-
« treize, l'an deuxième de la République Française, devant nous,
« Jacques Cauvin, officier public, membre du Conseil général de la

« commune d'Amblie, département de Calvados, élu pour recevoir
« les actes et constater les naissances, mariages et décès des
« citoyens, sont comparus en la maison commune Charles Varin,
« domestique, premier témoin, âgé de trente ans, domicilié chez le
« CITOYEN DE COURSON ; deuxième témoin, François St-Martin,
« domestique dans la demeure du domicilié dans la dite municipa-
« lité d'Amblie, âgé de vingt-quatre ans, lesquels deux témoins
« nous ont déclaré que le CITOYEN DU BUISSON DOMINIQUE-NICOLAS
« est mort le jour du vingt-sept du présent mois, à deux heures du
« matin, en son domicile, au hameau des Planches dépendant de
« la paroisse d'Amblie. — D'après cette déclaration, je me suis
« transporté sur-le-champ au lieu du domicile, je me suis assuré du
« décès du dit DOMINIQUE-NICOLAS DU BUISSON, et j'en ai dressé le
« présent acte que le dit Varin et le susdit St-Martin ont signé avec
« moi. — Fait en la maison commune.
« Et comme la municipalité de la paroisse a donné permis que le
« dit feu DOMINIQUE-NICOLAS DU BUISSON soit inhumé à Colom-
« biers-sur-Seulles, proche son domicile, ce dit jour et an que
« dessus.
« Et le dit Varin a déclaré ne savoir signer et a fait sa marque.
« Ce dit jour et an ci-dessus. »

Signé : *François St-Martin ; J. Cauvin,* officier public. —
Suit la marque de Ch. Varin.

#### Nᵒ 17 (29 JUIN 1810 : 29 AOUT 1812)

Deux actes de naissance, en la commune d'Amblie, de
messieurs Louis-Eugène du Buisson de Courson et Jules-
Aymard du Buisson de Courson, le premier du vingt-neuf
juin mil huit cent dix et le second du vingt-neuf août mil
huit cent douze. — Ces deux actes sont très ordinaires et
ne renferment aucune particularité.

#### Nᵒ 18 (29-30 AOUT 1830)

Acte de décès, en la commune d'Amblie, de Ange-Casimir
du Buisson de Courson, père des précédents :

« Du trentième jour d'août, l'an mil huit cent trente, acte de
« décès de MESSIRE DU BUISSON DE COURSON ANGE-CASIMIR, décédé
« le jour d'hier à onze heures du matin, âgé de quarante-six ans
« onze mois, né à Amblie, propriétaire vivant de son bien, marié à

« DAME DE BILLEHEUST D'ARGENTON JUSTINE-AIMÉE, fils de feu
« MESSIRE DU BUISSON DE COURSON DOMINIQUE-NICOLAS, et de DAME
« DE SCELLES DE PRÉVALLON MARIE-LOUISE-ÉLISABETH-GENEVIÈVE,
« son épouse.

« Sur la déclaration à moi faite par le Sᵣ Docagne Nicolas,
« demeurant à Amblie, qui a dit connaître le défunt, et par le Sᵣ
« Le Sueur Pierre-Gilles, demeurant à Amblie, domestique, qui
« a dit connaître aussi le défunt. »

Signé : Docagne ; Pierre Le Sueur.

« Constaté, suivant la loi, par moi Ambroise-Victor de Cairon,
« maire de la commune d'Amblie, faisant les fonctions d'officier
« public de l'état civil, soussigné. »

Signé : Victor de Cairon.

ACTES CONCERNANT DES PUINÉS DE LA FAMILLE

DU BUISSON DE COURSON.

**Nº 19** (17 AOUT 1778)

Acte de mariage, en l'église paroissiale de La Graverie,
près Vire, de Jean-Louis-Antoine du Buisson, chevalier de
Courson, second fils vivant de Guillaume du Buisson de
Cristot, et souche maternelle de la famille des Rotours de
Chaulieu actuelle :

« Le lundi, dix-septième jour d'août mil sept cent soixante-dix-
« huit, après la publication d'un ban, avec déclaration d'obtenir
« dispense des deux autres, du futur mariage, entre MESSIRE JEAN-
« LOUIS-ANTOINE DU BUISSON, CHEVALIER DE COURSON, fils majeur
« de MESSIRE GUILLAUME-NICOLAS DU BUISSON, SIEUR DE CHRISTOT,
« et de NOBLE DAME CATHERINE-LOUISE-HENRIETTE DES PLANCHES
« D'HÉROUVILLE, ses père et mère, d'une part, de la paroisse d'Am-
« blie, et résidant en la paroisse St-Etienne de Caen, et entre NOBLE
« DEMOISELLE ANNE-JEANNE-CHARLOTTE-ANTOINETTE DE SARCILLY,
« fille de feu messire Hervé-Augustin de Sarcilly, sieur de la Re-
« naudière, et de noble dame Jeanne-Charlotte-Antoinette Ruault,
« ses père et mère, d'autre part, de cette paroisse (La Graverie), la

« susdite demoiselle de Sarcilly âgée d'environ vingt et un ans, et
« ne 's'étant trouvé aucun empêchement ou opposition ; vu les
« attestations de publications de ban faites tant dans les paroisses de
« St-Etienne de Caen et d'Amblie, délivrées par le sieur Guynel,
« vicaire de St-Etienne, et par le sieur Le Monnier, curé d'Amblie,
« que dans cette paroisse, et la dispense des deux autres bans
« accordée par M. Deaunier, official de Caen, en date de l'onzième
« jour d'août de la présente année, signée, scellée et insinuée à
« Bayeux du douzième jour d'août, ci-attachée avec ces attestations
« de bans ; la célébration des fiançailles faite du jour précédent ;
« NOUS soussigné GUILLAUME DU BUISSON DE COURSON, prêtre,
« bachelier en théologie, ayant interrogé les susdits futurs, AVONS
« REÇU LEUR MUTUEL CONSENTEMENT DE MARIAGE, du consentement
« du sieur Louis Le Normand, curé de cette paroisse, et LEUR
« AVONS DONNÉ LA BÉNÉDICTION NUPTIALE suivant les cérémonies.
« prescrites par notre mère la Sainte Eglise, en présence et du con-
« sentement de messire Charles-François, chevalier de Morant,
« capitaine au régiment de la Reine, Dragons, porteur d'une pro-
« curation de messire Nicolas du Buisson, sieur de Christot, père du
« susdit futur époux, passée devant les notaires de Creully, en date
« du douzième jour d'août de la présente année, lequel a signé ; de
« noble dame Jeanne-Charlotte-Antoinette Ruault de Sarcilly, mère
« de la dite épouse, de messire Jean-Jacques-François-Charles
« Gaultier de Carville, lieutenant de nosseigneurs les maréchaux
« de France ; de maître Antoine-Gaspard Gaultier, accolyte ; de
« Nicolas Vasnier, custos de cette paroisse, et autres parents et,
« amis soussignés. »

Signé : *Anne-Jeanne-Charlotte-Antoinette de Sarcilly ;
Jean-Louis-Antoine du Buisson de Courson ; Jeanne-Charlotte-Antoinette Ruault de Sarcilly ; Charles-François, chevalier de Morant ; Jean-Jacques Gaultier de Carville ; Antoine-Gaspard Gaultier ; N. Vasnier ; Jean Auvray ; Marie
Duché ; Le Maître ; Ruault ; de Courson*, prêtre.

### N° 20 (28-29 SEPTEMBRE 1781)

Acte d'inhumation, dans le cimetière de Port-en-Bessin,
près Bayeux, de messire Pierre-Louis-Guillaume du
Buisson de Courson, curé de cette paroisse, fils puîné de
Guillaume-Nicolas du Buisson de Cristot, et frère du précédent :

« Aujourd'hui samedi, vingt-neuvième jour de septembre mil sept
« cent quatre-vingt-un, a été inhumé dans le cimetière de cette

19

« paroisse (Port-en-Bessin) le corps de NOBLE ET DISCRÈTE PER-
« SONNE PIERRE-LOUIS-GUILLAUME DU BUISSON DE COURSON, prêtre,
» bachelier en théologie et curé de ce lieu, âgé d'environ vingt-neuf
« ans, décédé d'hier, muni de tous les sacrements de l'Eglise, par
« M. Denis Guéroult, curé de Vaucelles et doyen de Campigny ;
« présence de témoins soussignés. »

Signé : *D. Guéroult*, curé de Vaucelles, doyen ; *Villiers*, curé
de Maisons ; *Vautier*, desservant de Port.

### N° 21 (7-8 décembre 1785)

Acte de baptême, en l'église d'Amblie, de Marie-Henriette
du Buisson de Courson, fille puînée de messire Dominique-Nicolas du Buisson de Courson-Cristot, mariée, en
1801, avec M. le chevalier de Patry de Hérils :

« Le huit décembre mil sept cent quatre-vingt-cinq, a été par
« nous Lefort, prêtre, du consentement de monsieur le curé soussi-
« gné, baptisé UNE FILLE, née d'hier du légitime mariage de
« MESSIRE DOMINIQUE-NICOLAS DU BUISSON, SIEUR DE COURSON,
« ancien officier de cavalerie, et de NOBLE DAME MARIE-LOUISE-
« ÉLISABETH-GENEVIÈVE DE SCELLES DE PRÉVALLON, son épouse,
« laquelle a été nommée MARIE-HENRIETTE par noble dame Catheri-
« ne-Henriette Pallas, assistée de messire Henri Harel, chevalier
« de l'Ordre royal et militaire de St-Louis, de la paroisse St-Etienne
« de Caen, son époux, parrain et marraine.
« Avec nous soussignés témoins. »

Signé : *Pallas Harel ; Harel ; Le Lantier ; Lefort*, prêtre ;
*Le Monnier,* curé d'Amblie.

### INSCRIPTION D'UNE CLOCHE.

Inscription gravée sur la seule cloche qui subsiste dans
la tour de l'église de Cristot, depuis la Révolution de 93.
Cette inscription a été copiée textuellement à Cristot le 2
juillet 1868 :

« L'an 1774, j'ai été nommée GUILLAUME-JULIE par MESSIRE
« GUILLAUME-NICOLAS DU BVISSON, SEIGNEUR ET PATRON en partie
« DE CHRISTOT, assisté de noble dame Julie-Aimée-Adélaïde de

« Venoix, épouse de messire de Tontuy, seigneur et patron aussi
« en partie de Christot ; — Et bénite par maître François Le Cou-
« tour, curé de Christot ; — Marin Sosson, trésorier en charge. »

————

AVIS AU LECTEUR. — *Ainsi qu'on aura pu le remarquer,
l'orthographe ancienne, et très souvent fautive, des pièces
historiques composant cette troisième partie de l'ouvrage, a
été, autant que possible, conservée ; toutefois, les I et les J,
ainsi que les U et les V, ont été mis généralement à leur
véritable place, afin de rendre plus aisée et plus compré-
hensible la lecture de ces vieux documents.*

FIN

Tarbes. — Th. Telmon, imprimeur de la préfecture.

# SUPPLÉMENT

M. l'archiviste de la préfecture de l'Orne, à la suite de recherches faites par lui aux archives préfectorales de ce département, y a trouvé mentionné, d'après sa lettre du 19 octobre 1868, un certain JEAN DU BUISSON, ÉCUYER. sieur de LONGPRÉ, qui portait *d'argent, au chevron de gueules, accompagné de trois trèfles de sinople,* et qui habitait la ville de Falaise en 1666, époque à laquelle il fut maintenu Noble.

Ce Jean du Buisson de Longpré, contemporain de Claude II et de Pierre II du Buisson de Cristot-Courson, avait donc un écusson différent de celui de la branche de Longpré ou Longprey, dont nous avons parlé à la fin de la PREMIÈRE PARTIE, mais, par contre, identique à celui des du Buisson-Barrois ; ce fait paraît confirmer l'opinion, émise ailleurs, qu'à l'exception des du Buisson d'Amfreville et des du Buisson aux armes parlantes *(buisson de sinople)*, dont on trouve trace dans le département de la Manche, tous les autres du Buisson normands se rattachent à une souche commune, malgré les variantes des armoiries.

## Vingt-unième degré.

Louis-Eugène du Buisson de Courson, aîné, gentilhomme, propriétaire ;
Marié à Villiers-le-Sec, le 20 juin 1836, avec mademoiselle Louise-Adolphine du Merle, dont deux enfants.

Jules-Aymard du Buisson de Courson, puîné, gentilhomm propriétaire ;
Marié à Bayeux, le 12 février 1838, avec mademoise Gabrielle Le Roy de Dais, dont trois enfants.

## Vingt-deuxième degré : branche aînée.

Amédée-Casimir du Buisson de Courson, aîné, conseiller de préfecture des Hautes-Pyrénées.

Marie-Berthe du Buisson de Courson, puînée ;
Mariée à Amblie, le 12 février 1867, avec M. René-Paul de Villiers, dont postérité.

## Vingt-deuxième degré : branche cadette

Georges-Paul du Buisson de Courson, aîné de la branche cadette, officier d'infanterie.

Marie du Buisson de Courson, religieuse Bénédictine à Caen.

Joseph Rog du Buiss de Cou son, puîn

# TABLEAU SYNOPTIQUE
## DE LA FILIATION DES DU BUISSON DE COURSON-CRISTOT
### S'INDIQUANT, SUR CHAQUE DEGRÉ, QUE L'AUTEUR DIRECT

**Premier degré présumé, sans certitude.** *(Fin du XIIᵉ siècle.)*

Richard du Buisson, écuyer banneret, croisé avec le roi Richard Cœur-de-Lion ;
Alliance inconnue.

**Premier degré authentique.** *(XIIᵉ et XIIIᵉ siècles.)*

Robert Iᵉʳ du Buisson, écuyer, homme d'armes, sieur du Buisson en la vicomté de Caen, vivant en 1200 ;
Alliance inconnue, dont :

2ᵉ Robert II du Buisson, écuyer, homme d'armes, vivant en 1225 ;
Marié à damoiselle Marguerite des Champs, dont :

3ᵉ Jean ou Jehan Iᵉʳ du Buisson, écuyer, vivant vers l'an 1260 ;
Marié à damoiselle Anne Thorel, dont :

4ᵉ N. . . . . du Buisson, écuyer, vivant vers l'an 1300 ;
Alliance inconnue, dont :

5ᵉ Messire maître Thomas du Buisson, aîné, écuyer, avocat du roi en l'Echiquier de Normandie ;
Marié, vers l'an 1330, avec damoiselle Marguerite des Portes, dont :

6ᵉ Noble homme Robert III du Buisson, écuyer, vivant vers l'an 1350 ;
Marié à damoiselle Charlotte de Gouy, dont :

7ᵉ Nicolas du Buisson, écuyer, vivant en 1385 ;
Marié à noble damoiselle Perrette Marescot, dont :

8ᵉ Charles du Buisson, écuyer, vivant vers l'an 1420 ;
Marié à damoiselle Rolende Onfroy, dont :

9ᵉ Jean ou Jehan II du Buisson, écuyer, vivant en 1440 ;
Marié à noble damoiselle Charlotte de Vauquelin, dont :

10ᵉ Jean ou Jehan III du Buisson, puîné, écuyer, homme d'armes, plus tard seigneur et patron d'Iquelon ;
Marié, vers 1408, avec noble damoiselle Etiennette de Favilly, dont :

11ᵉ Jean ou Jehan IV du Buisson, puîné, écuyer, sieur de Grandval sur Trégneville, vivant en 1493 et en 1517 ;
Alliance inconnue, dont :

12ᵉ Noble homme et scientifique personne Jean V du Buisson, écuyer, plus tard sieur ou seigneur de Courson ;
Marié en deuxièmes noces, le 24 décembre 1517, avec noble damoiselle Jeanne Bouré, dont :

13ᵉ Noble homme messire maître Claude Iᵉʳ du Buisson, aîné, écuyer, sieur ou seigneur de Courson ;
Marié en deuxièmes noces, vers l'an 1563, avec damoiselle Marie Le Sueur, dame de Loize, dont :

14ᵉ Noble homme Pierre Iᵉʳ du Buisson, aîné du second lit, écuyer, sieur du Buisson St-Vulfain, sieur ou seigneur de Courson ;
Marié à Chartres, le 2 septembre 1592, avec damoiselle Elizabeth ou Isabelle Raudouyn, dont :

15ᵉ Noble homme messire Claude II du Buisson, sieur de la Fontenelle, écuyer, sieur de Courson, puis seigneur et patron de Cristol et de Brenay ;
Marié en premières noces, le 17 février 1624, avec damoiselle Anne-Limendey, veuve de messire Anne Onfroy, dont :

16ᵉ Noble homme Pierre II du Buisson, aîné des fils du premier lit, écuyer, sieur de Courson, seigneur et patron de Cristol et de Brenay ;
Marié en deuxièmes noces, le 25 novembre 1684, avec noble damoiselle Marie-Anne de Morand, dont :

17ᵉ Noble homme messire Pierre-Nicolas du Buisson, aîné, écuyer, chevalier, sieur de Courson, seigneur et patron de Cristol et d'abord de Bronay, officier supérieur d'infanterie ;
Marié, vers l'an 1716, avec très noble damoiselle Marie-Anne de Zur-Lauben de Fribourg, dont :

18ᵉ Noble homme messire Guillaume-Nicolas du Buisson, écuyer, chevalier, sieur de Courson, seigneur et patron de Cristol, officier supérieur d'infanterie ;
Marié le 30 septembre 1738 avec noble damoiselle Catherine-Louise-Henriette des Planches d'Hérouville, dont :

19ᵉ Noble homme messire Dominique-Nicolas du Buisson, aîné des fils survivants, écuyer, sieur de Courson de Cristol, officier de cavalerie, garde du corps du Roi ;
Marié à Ste-Croix-Grand-Tonne, le 21 mai 1781, avec noble damoiselle Marie-Louise-Elisabeth-Geneviève d'Salles de Présallon, dont :

20ᵉ Messire Augy-Casimir du Buisson, sieur de Courson, aîné, écuyer, gentilhomme ;
Marié à St-Marcouf, le 23 février 1808, avec noble damoiselle Justine-Aimée de Bellewast d'Argenton, dont postérité.

---

## REPRÉSENTANTS ACTUELS DE LA MAISON DU BUISSON DE COURSON-CRISTOT

### Vingt-unième degré.

Louis-Eugène du Buisson de Courson, aîné, gentilhomme, propriétaire ;
Marié à Villers-le-Sec, le 20 juin 1846, avec mademoiselle Louise-Adolphine du Merle, dont deux enfants.

Jules-Aymard du Buisson de Courson, puîné, gentilhomme, propriétaire ;
Marié à Bayeux, le 12 février 1838, avec mademoiselle Gabrielle Le Rey de Dais, dont trois enfants.

### Vingt-deuxième degré : branche aînée.

| Amédée-Casimir du Buisson de Courson, aîné, conseiller de préfecture des Hautes-Pyrénées. | Marie-Berthe du Buisson de Courson, palmée ; Mariée à Auddie, le 12 février 1867, avec M. René-Paul de Villiers, dont postérité. |

### Vingt-deuxième degré : branche cadette.

| Georges-Paul du Buisson de Courson, aîné de la branche cadette, officier d'infanterie. | Marie du Buisson de Courson, religieuse Bénédictine à Caen. | Joseph-Roger du Buisson de Courson, puîné. |

www.ingramcontent.com/pod-product-compliance
Lightning Source LLC
Chambersburg PA
CBHW072112090426
42739CB00012B/2939